Schaum's Foreign Language Series

Communicating in Spanish

Novice/Elementary Level

Conrad J. Schmitt

Protase E. Woodford

McGraw-Hill, Inc.

New York St. Louis San Francisco Auckland Bogotá
Caracas Lisbon London Madrid Mexico City Milan
Montreal New Delhi San Juan Singapore
Sydney Tokyo Toronto

Sponsoring Editors: John Aliano, Meg Tobin
Production Supervisor: Denise Puryear
Editing Supervisors: Patty Andrews, Maureen Walker

Text Design and Composition: Literary Graphics
Cover Design: Merlin Communications and Amy E. Becker
Illustrator: Ray Skibinski
Printer and Binder: R.R. Donnelley and Sons Company

Cover photographs courtesy of the Tourist Office of Spain

This book is printed on acid-free paper.

Communicating in Spanish Novice/Elementary Level

  890 DOC/DOC 99876

ISBN 0-07-056642-9

Library of Congress Cataloging-in-Publication Data
Schmitt, Conrad J.
   Communicating in Spanish. Novice/elementary level / Conrad J. Schmitt and Protase E. Woodford.
      p.   cm. — (Schaum's foreign language series)
   ISBN 0-07-056642-9
   1. Spanish language — Conversation and phrase books — English.
 I.   Woodford, Protase E.   II. Title.   III. Series.
 PC4121.S34   1991
 468.3'421 — dc20   90-5491
                                                CIP

About the Authors

Conrad J. Schmitt

Mr. Schmitt was Editor-in-Chief of Foreign Language, ESL, and bilingual publishing with McGraw-Hill Book Company. Prior to joining McGraw-Hill, Mr. Schmitt taught languages at all levels of instruction, from elementary school through college. He has taught Spanish at Montclair State College, Upper Montclair, New Jersey; French at Upsala College, East Orange, New Jersey; and Methods of Teaching a Foreign Language at the Graduate School of Education, Rutgers University, New Brunswick, New Jersey. He also served as Coordinator of Foreign Languages for the Hackensack, New Jersey Public Schools. Mr. Schmitt is the author of *Schaum's Outline of Spanish Grammar, Schaum's Outline of Spanish Vocabulary, Español: Comencemos, Español: Sigamos,* and the *Let's Speak Spanish* and *A Cada Paso* series. He is the coauthor of *Español: A Descubrirlo, Español: A Sentirlo, La Fuente Hispana,* the McGraw-Hill *Spanish: Saludos, Amistades, Perspectivas, Le Français: Commençons, Le Français: Continuons,* the McGraw-Hill *French: Rencontres, Connaissances, Illuminations, Schaum's Outline of Italian Grammar, Schaum's Outline of Italian Vocabulary,* and *Schaum's Outline of German Vocabulary.* Mr. Schmitt has traveled extensively throughout Spain, Mexico, the Caribbean, Central America, and South America. He presently devotes his full time to writing, lecturing, and teaching.

Protase E. Woodford

Mr. Woodford is Director of the Foreign Languages Department, Test Development, Schools and Higher Education Programs Division, Educational Testing Service, Princeton, New Jersey. He has taught Spanish at all academic levels. He has also served as Department Chairman in New Jersey high schools and as a member of the College Board Spanish Test Committee; the Board of Directors of the Northeast Conference on the Teaching of Foreign Languages, and the Governor's Task Force on Foreign Languages and Bilingual Education (NJ). He has worked extensively with Latin American, Middle Eastern, and Asian ministries of education in the areas of tests and measurements and has served as a consultant to the United Nations and numerous state and federal government agencies. He was Distinguished Visiting Linguist at the United States Naval Academy in Annapolis (1987-88) and Visiting Professor at the Fundación José Ortega y Gasset in Gijón, Spain (1986). He is the author of *Spanish Language, Hispanic Culture.* He is the coauthor of *Español: A Descubrirlo, Español: A Sentirlo,* the McGraw-Hill *Spanish: Saludos, Amistades, Perspectivas, Español: Lengua y Letras, La Fuente Hispana,* and *Bridges to English.* Mr. Woodford has traveled extensively throughout Spain, Mexico, the Caribbean, Central America, South America, Europe, Asia, and the Middle East.

Preface

To the Student

The purpose of the series *Communicating in Spanish* is to provide the learner with the language needed to survive in situations in which Spanish must be used. The major focus of the series is to give the learner essential vocabulary needed to communicate in everyday life. The type of vocabulary found in this series is frequently not presented in basal textbooks. For this reason, many students of Spanish are reduced to silence when they attempt to use the language to meet their everyday needs. The objective of this series is to overcome this frustrating problem and to enable the learner to express himself or herself in practical situations.

The series consists of three books, which take the learner from a novice or elementary level of proficiency to an advanced level. The first book in the series presents the vocabulary needed to survive at an elementary level of proficiency and is intended for the student who has not had a great deal of exposure to the Spanish language. The second book takes each communicative topic and provides the student with the tools needed to communicate at an intermediate level of proficiency. The third book is intended for the student who has a good basic command of the language but needs the specific vocabulary to communicate at a high intermediate or advanced level of proficiency. Let us take the communicative topic "speaking on the telephone" as an example of the way the vocabulary is sequenced in the series. The first book enables the novice learner to make a telephone call and leave a message. The second book expands on this and gives the learner the tools needed to place different types of calls. The third book provides the vocabulary necessary to explain the various problems one encounters while telephoning and also enables the speaker to get the necessary assistance to rectify the problems.

Since each chapter focuses on a real-life situation, the answers to most exercises and activities are open-ended. The learner should feel free to respond to any exercise based on his or her personal situation. When doing the exercises, one should not focus on grammatical accuracy. The possibility of making an error should not inhibit the learner from responding in a way that is, in fact, comprehensible to any native speaker of the language. If a person wishes to perfect his or her knowledge of grammar or structure, he or she should consult *Schaum's Outline of Spanish Grammar, 3/ed.*

In case the student wishes to use this series as a reference tool, an Appendix appears at the end of each book. The Appendix contains an English-Spanish vocabulary list that relates to each communicative topic presented in the book. These topical lists are cumulative. The list in the third book contains all the words in the first, second, and third books that are related to the topic.

In each lesson, the section entitled **Situaciones** sets up hypothetical situations the learner may encounter while attempting to survive in a Spanish-speaking milieu. In carrying out the instructions in these activities, the student should react using any Spanish he or she knows. Again, the student should not be inhibited by fear of making an error.

The section entitled **Hojas de la vida** gives the learner the opportunity to see and read realia and articles that come from all areas of the Spanish-speaking world. The intent of this section is to give the learner exposure to the types of material that one must read on a daily basis. It is hoped that the learner will build up the confidence to take an educated guess at what "real things" are all about without necessarily understanding every word. Communicating in the real world very often involves getting the main idea rather than comprehending every word.

To the Instructor

The series *Communicating in Spanish* can be used as a self-instruction tool or as a supplement to any basal text. The first book is intended for novice to low intermediate speakers according to the ACTFL Guidelines. The second book provides the type of vocabulary needed to progress from a low to high intermediate level of proficiency, and the third book, from the high intermediate to the advanced level.

The series is developed to give students the lexicon they need to communicate their needs in real-life situations. It is recommended that students be permitted to respond to the exercises and activities freely without undue emphasis on syntactical accuracy.

Accompanying Cassette

The first and second books in this series can be purchased separately or with an audio cassette. All vocabulary items are recorded on the cassette to provide students with a pronunciation model. A pause for student repetition is provided. In addition to the vocabulary items, the conversations are recorded to provide students with the opportunity to improve their listening comprehension skills.

To order a book with its accompanying cassette, please specify ISBN 0-07-0911016-9 for the elementary level package and ISBN 0-07-0911017-7 for the intermediate level package. For the latest prices, please call McGraw-Hill's customer relations department at 1-800-338-3987.

Conrad J. Schmitt
Protase E. Woodford

Contents

Getting Started

Capítulo 1
Los saludos

Vocabulario

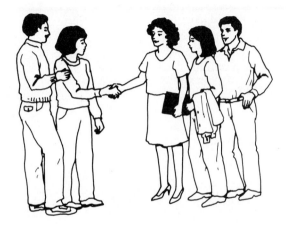

When you greet someone you would use the following expressions depending on the time of the day:

A.M.	**Buenos días.**
P.M.	**Buenas tardes.**
Late evening	**Buenas noches.**

You may also add the title to the greeting:

Buenos días, señor.
Buenos días, señora.
Buenos días, señorita.

Ejercicio 1   Do the following.

1. Say "Hello" to someone.
2. Say "Good afternoon" to someone.
3. Say "Good night" to someone.

A less formal greeting is:

¡Hola!

Ejercicio 2 Do the following.

1. Say "Hi" to someone.

In Spanish, as in English, it is usual and polite to ask someone how he or she is as a part of the greeting. In a formal situation you would ask:

¿Cómo está Ud.? (**Ud.** *is the abbreviation for* **Usted.**)

In a less formal situation you would ask:

¿Qué tal?

The answer to either would be a polite:

Muy bien, gracias. ¿Y Ud.?

Ejercicio 3 Respond to the following.

1. Buenos días.
2. ¿Cómo está Ud.?
3. Buenas tardes.
4. ¡Hola!
5. ¿Qué tal?

Comunicación

—Buenos días, señor.
—Buenos días.
—¿Cómo está Ud.?
—Muy bien, gracias. ¿Y Ud.?
—Muy bien, gracias.

A less formal version of the preceding conversation would be:

—Hola, Roberto.
—Hola, Felipe. ¿Qué tal?
—Bien. ¿Y tú?
—Muy bien, gracias.

SITUACIONES

Actividad 1

You are walking down a street in Mexico City.
1. It is 11:00 A.M. and you run into someone whom you know only casually. Greet the person.
2. Ask her how she is.
3. She asks you how you are. Respond.

Actividad 2

You are walking down a street in Old San Juan in Puerto Rico.
1. It is 4:00 P.M. and you run into someone you know quite well. Greet him.
2. Ask him how he is.
3. He asks you how you are. Respond.

Capítulo 2

Las despedidas

Vocabulario

A usual word to use when taking leave of someone is:

¡Adiós!

If someone were to say **¡Adiós!** to you, you would respond with the same word:

¡Adiós!

Expressions that convey the idea that you will be seeing one another again in the not-too-distant future are:

¡Hasta luego!
¡Hasta la vista!
¡Hasta mañana!

If you know you will be seeing the person very soon, you could say:

¡Hasta pronto!

Another popular informal expression of farewell used among young people is actually an Italian word:

¡Chao! (**Ciao** in Italian)

The response to **¡Chao!** would be another **¡Chao!**

Ejercicio 1   Respond to the following.

1. ¡Adiós!
2. ¡Hasta luego!
3. ¡Hasta pronto!
4. ¡Hasta mañana!
5. ¡Chao!

Comunicación

Saludos y despedidas

—Buenos días, señor (López).
—Buenos días, señora (Salas). ¿Cómo está Ud.?
—Muy bien, gracias. ¿Y Ud.?
—Muy bien.
—Adiós, señor.
—Adiós, señora.

A less formal version of the preceding encounter would be:

—Hola, Roberto.
—Hola, Teresa. ¿Qué tal?
—Bien. ¿Y tú?
—Bien, gracias.
—Chao, Roberto.
—Chao, Teresa. ¡Y hasta pronto!

Ejercicio 2   With a colleague, carry on a short conversation that includes greetings and farewells.

SITUACIONES

Actividad 1

You are on a street in Medellín, Colombia.
1. You are taking leave of an acquaintance. Say "Good bye" to her.
2. You are taking leave of a person you know quite well. Say "So long" to him.
3. You know that you will be seeing one another very soon. Say something to her to that effect.

Capítulo 3

La cortesía

Vocabulario

No matter what language you speak, it is important to be polite. "Please," "Thank you," and "You're welcome" are expressions that are always appreciated. The Spanish equivalents for these courteous expressions are:

Por favor.
Gracias.
De nada . *(or)* **No hay de qué.**

Comunicación

En un café

—Una limonada, por favor.
  (It arrives.)
—Gracias.
—De nada.

Ejercicio 1 Order the following things. Be polite when you give the waiter your order.

1. un sándwich
2. un té
3. un café
4. una limonada

Ejercicio 2 What would you say?

1. The waiter just served you what you ordered.
2. Someone gave you a compliment.
3. Someone said "Thank you" to you.

Vocabulario

If you are in a situation where you want to excuse yourself because you want to get through or pass someone, you would say:

Con permiso.
Perdón.

If you want to excuse yourself because you think you did something wrong, you would say:

Perdón.
Disculpe.
Perdone Ud.

Ejercicio 3 What would you say?

1. You want to get by a group of people.
2. You think you bumped into someone accidentally.

SITUACIONES

Actividad 1

You are in a café in Madrid.
1. The waiter comes over. Order a sandwich. Be polite.
2. The waiter serves you the sandwich. Thank him.
3. The waiter brings you the check. Thank him.
4. You pay the check and he thanks you. Respond to his thanks.
5. You are leaving the café and you want to get by some people who are standing at the entrance. Excuse yourself.
6. As you were passing, you think you bumped into someone. Excuse yourself.

Capítulo 4

Su nombre

Vocabulario

If you want to know someone's name, you would ask:

¿Cómo se llama Ud.?

And if the person should ask you the same question, you would answer with just
your name or the complete sentence:

Me llamo *(your name).* *(or)* **Soy** *(your name).*

Comunicación

—¿Cómo se llama Ud.?
—Me llamo Bárbara. Bárbara Smith.
 ¿Y cómo se llama Ud.?
—Me llamo Jesús. Jesús Ortiz.

Ejercicio 1 Answer.

1. ¿Cómo se llama Ud.?

Vocabulario

Since you have just met the person whose name you ask, other formalities are in order. You want to let the individual know that you are pleased to meet her or him so you would say:

Mucho gusto.

Or, if someone said **Mucho gusto** to you, you would respond:

El gusto es mío.

Comunicación

—¿Cómo se llama Ud.?
—Me llamo Bárbara. Bárbara Smith.
  ¿Y cómo se llama Ud.?
—Soy Jesús. Jesús Ortiz.
—Mucho gusto, Jesús.
—El gusto es mío.

Ejercicio 2 Respond to the following.

1. ¿Cómo se llama Ud.?
2. Mucho gusto.

SITUACIONES

Actividad 1

You are in Mexico City where you are studying for the summer at the Universidad Autóctona. You are speaking with another student who is Mexican.

1. Greet her.
2. Ask her her name.
3. She responds. Let her know you are glad to meet her.
4. She asks you your name. Respond.
5. She says that she is happy to meet you. Respond that the pleasure is yours.

Capítulo 5

Su origen o nacionalidad

Vocabulario

When people in a foreign country meet you for the first time, very often they want to know where you are from. They will ask:

¿De dónde es Ud.?

You would respond:

(Yo soy) de los Estados Unidos.

Ejercicio 1   Answer.

1. ¿Cómo se llama Ud.?
2. ¿De dónde es Ud.?

Comunicación

—¿De dónde es Ud., Bárbara?
—(Yo soy) de los Estados Unidos.
—Ah, Ud. es americana.
—Sí, soy americana. Soy de *(state or city)*.

—¿De dónde es Ud., Roberto?
—(Yo soy) de los Estados Unidos.
—Ah, Ud. es americano.
—Sí, soy americano. Soy de *(state or city)*.

Ejercicio 2   Answer the following questions.

1. ¿Cómo se llama Ud.?
2. ¿De dónde es Ud.?
3. ¿Es Ud. americano(-a)?
4. ¿De qué estado es Ud.?

Vocabulario

When you first meet foreigners, the conversation usually turns to language. The person will probably want to know if you speak Spanish. The person will ask:

¿Habla Ud. español?

And you would respond:

Sí, (hablo) un poco.
No mucho.

You will probably want to know if the person speaks English, so you would ask:

¿Habla Ud. inglés?

Ejercicio 3   Answer the following questions.

1. ¿Habla Ud. español?
2. ¿Habla Ud. mucho o poco?
3. ¿Habla Ud. inglés?

Ejercicio 4   Respond to the following.

1. Buenos días.
2. ¿Cómo está Ud.?
3. ¿Cómo se llama Ud.?
4. ¿De dónde es Ud.?
5. ¿Habla Ud. español?

Comunicación

EXTRANJERO	Buenos días.
UD.	Buenos días.
EXTRANJERO	¿Cómo se llama Ud.?
UD.	Me llamo *(your name)*. ¿Y cómo se llama Ud.?
EXTRANJERO	Me llamo _____. Mucho gusto, *(your name)*.
UD.	El gusto es mío.
EXTRANJERO	¿De dónde es Ud.?
UD.	(Soy) de los Estados Unidos.
EXTRANJERO	Ah, Ud. es americano(-a).
UD.	Sí, soy americano(-a). Soy de *(city or state)*.
EXTRANJERO	¿Habla Ud. español?
UD.	Sí, (hablo) un poco. No mucho. ¿Habla Ud. inglés?

SITUACIONES

Actividad 1

You are in San José, Costa Rica. You are seated in a restaurant. Another diner starts
to chat with you.
1. He asks you your name. Respond.
2. He asks you where you are from. Respond.
3. Tell him what city you are from.
4. He wants to know if you speak Spanish. Respond.

Actividad 2

You want to know something about him, too.
1. Ask him his name.
2. Tell him you are pleased to meet him.
3. Ask him where he is from.
4. Ask him if he speaks English.

Capítulo 6

Los números

Vocabulario

```
748-21-60 — Teléfono
87760 ——— Zona Postal
$125 ——— Precio
```

Do not try to learn all the numbers at once. Learn a few at a time and practice them frequently.

1	uno	11	once
2	dos	12	doce
3	tres	13	trece
4	cuatro	14	catorce
5	cinco	15	quince
6	seis	16	dieciséis
7	siete	17	diecisiete
8	ocho	18	dieciocho
9	nueve	19	diecinueve
10	diez	20	veinte

Ejercicio 1   Give the following numbers in Spanish.

1. 12   3. 16   5. 7
2. 4   4. 13

Read the following numbers between 21 and 100:

21	veinte y uno	26	veinte y seis
22	veinte y dos	27	veinte y siete
23	veinte y tres	28	veinte y ocho
24	veinte y cuatro	29	veinte y nueve
25	veinte y cinco		

30	treinta	70	setenta
40	cuarenta	80	ochenta
50	cincuenta	90	noventa
60	sesenta	100	cien

Ejercicio 2   Read the following prices in Hispanic currencies.

1. 42 pesos (República Dominicana)
2. 67 sucres (Ecuador)
3. 50 pesetas (España)
4. 95 colones (Costa Rica)
5. 100 dólares (Puerto Rico)

Ejercicio 3   Give the following telephone numbers. Use the model as a guide.

> **MODELO**   291-23-80
> dos-nueve-uno - veinte y tres - ochenta

1. 764-30-11
2. 897-41-50
3. 841-76-93
4. 763-26-14

Note the formation of numbers greater than 200:

200	doscientos	213	doscientos trece
300	trescientos	350	trescientos cincuenta
400	cuatrocientos	459	cuatrocientos cincuenta y nueve
500	quinientos	560	quinientos sesenta
600	seiscientos	679	seiscientos setenta y nueve
700	setecientos	785	setecientos ochenta y cinco
800	ochocientos	891	ochocientos noventa y uno
900	novecientos	999	novecientos noventa y nueve
1000	mil	1008	mil ocho
2000	dos mil	2500	dos mil quinientos

Ejercicio 4   Read the following prices.

1. 1000 lempiras (Honduras)
2. 5000 intis (Perú)
3. 750 pesos (Chile)
4. 10.000 pesos (México)
5. 925 colones (El Salvador)

Ejercicio 5 Read the following important dates.

1. 1492 el descubrimiento de América
2. 1936 la guerra civil española
3. 1776 la independencia de los Estados Unidos de América
4. 1789 la revolución francesa
5. 1898 la guerra entre España y los Estados Unidos

Capítulo 7

¿Cuánto es?

Vocabulario

When you want to know how much something is, you would ask:

¿Cuánto es?

Be polite and add **por favor:**

¿Cuánto es, por favor?

Ejercicio 1 Ask how much the following items are.

1. el sándwich
2. la limonada
3. el té
4. el café

Comunicación

CAMARERO	Buenos días.
UD.	Buenos días. Una limonada, por favor.
CAMARERO	Sí, señor(ita).
	(He serves.)
UD.	Gracias.
CAMARERO	De nada.
UD.	¿Cuánto es la limonada, por favor?
CAMARERO	Quinientos pesos.
UD.	Gracias.

SITUACIONES

Actividad 1

You sit down in a lovely outdoor café in Nerja, in southern Spain.
1. The waiter comes to your table and greets you. Be friendly and return his greeting.
2. Order a coffee.
3. The waiter brings you the coffee. Say something to him.
4. Ask the waiter how much it is.

Capítulo 8

¿Qué hora es?

Vocabulario

If you want to know the time, you ask someone:

¿Qué hora es?

1:00 **Es la una.**	1:30 **Es la una y media.**
2:00 **Son las dos.**	2:15 **Son las dos y cuarto.**
3:00 **Son las tres.**	3:05 **Son las tres y cinco.**
4:00 **Son las cuatro.**	4:10 **Son las cuatro y diez.**
5:00 **Son las cinco.**	5:20 **Son las cinco y veinte.**
6:00 **Son las seis.**	6:25 **Son las seis y veinte y cinco.**
7:00 **Son las siete.**	6:45 **Son las siete menos cuarto.**
8:00 **Son las ocho.**	7:50 **Son las ocho menos diez.**
9:00 **Son las nueve.**	8:50 **Son las nueve menos diez.**
10:00 **Son las diez.**	9:40 **Son las diez menos veinte.**
11:00 **Son las once.**	10:35 **Son las once menos veinte y cinco.**
12:00 **Son las doce.**	12:00 **Son las doce en punto.**

Ejercicio 1   Give the following times.

1. 1:00
2. 4:00
3. 5:30
4. 6:15
5. 6:40
6. 8:10
7. 8:50
8. 11:04

If you want to know at what time something takes place, you ask:

¿A qué hora es *(name the event)?*

Ejercicio 2   Ask at what time the following events take place.

1. el concierto
2. la clase de español
3. la exposición de arte
4. el show
5. la fiesta

SITUACIONES

Actividad 1

You are walking down the street in Caracas, Venezuela. You want to know the time.
1. Stop someone and excuse yourself.
2. Ask the person the time.
3. The person said it is ten to two. Repeat the time.
4. Thank the person.

Capítulo 9

¿Dónde está?

Vocabulario

In a foreign country when you do not know your way, you have to inquire where something is. You ask:

¿Dónde está el hotel?

Ejercicio 1   Ask where the following places are.

1. el hotel
2. el banco
3. el hospital
4. la farmacia
5. el teatro
6. la Plaza Central
7. el parque
8. el restaurante Luna
9. el mercado de San Angel
10. el café Sol

Comunicación

—Perdón.
—Sí, señor.
—¿Dónde está el Hotel Plaza, por favor?

Vocabulario

A very important question for you to be able to ask someone is where the restroom is. The word for a public bathroom varies a great deal throughout the Spanish-speaking world. Three variants you should be familiar with are:

¿Dónde está el sanitario?
¿Dónde está el servicio?
¿Dónde están los aseos?

SITUACIONES

Actividad 1

You are walking down a street in Santo Domingo in the Dominican Republic. You stop someone.
1. Excuse yourself.
2. Ask the woman where the pharmacy is.
3. Thank her.

Actividad 2

You are walking down the street in a Spanish-speaking city. You must go to the bathroom. Ask someone to help you in your predicament.

Capítulo 10

La fecha

Vocabulario

Los días

lunes   martes   miércoles   jueves   viernes   sábado   domingo

Hoy es lunes.
Mañana es martes.
Ayer fue domingo.

Ejercicio 1   Answer.

1. ¿Qué día es hoy?
2. ¿Qué día es mañana?
3. ¿Y ayer? ¿Qué día fue?

Los meses

enero   febrero   marzo   abril   mayo   junio   julio   agosto

septiembre   octubre   noviembre   diciembre

Las estaciones

el invierno	diciembre, enero, febrero
la primavera	marzo, abril, mayo
el verano	junio, julio, agosto
el otoño	septiembre, octubre, noviembre

Ejercicio 2   Tell the months when you have the following.

1. Tengo clases.
2. Tengo vacaciones.

Ejercicio 3   Tell the months.

1. los meses del verano
2. los meses del otoño
3. los meses de la primavera
4. los meses del invierno

Ejercicio 4   Give the season the month falls in.

1. diciembre
2. agosto
3. mayo
4. noviembre

La fecha

Es el primero de abril. ¡Mucho cuidado!
Es el dos de julio.
Es el cinco de mayo.
Es el treinta de noviembre.

Ejercicio 5   Give the following information.

1. la fecha de hoy
2. la fecha de mañana
3. la fecha de su nacimiento (*birth*)

Capítulo 11
Pidiendo información

Vocabulario

The list of practical items about which you may need information is endless. Nonetheless, the following are some expressions you may wish to use to ask about practical matters. Pay particular attention to the question words:

Perdón, señor,
      señora,
      señorita,

           ¿dónde está el hotel?
           ¿a qué hora es (empieza) el concierto?
           ¿cuándo llega el tren?   *when*
           ¿cómo voy a la Calle Independencia?   *how*
           ¿cuánto es (cuesta) la entrada?

Ejercicio 1   Get some information about the following, using the verbs provided. Use one of the following question words.

   ¿Cuándo?   **¿Cuánto?**   **¿Dónde?**

1. el concierto
              es
              empieza
              termina
2. el boleto
           compro *to buy*
           cuesta
3. el tren
          llega *arrive*
          sale   *leave*

Ejercicio 2   Ask questions based on the model.

   MODELO   El hotel está en la Calle Oviedo.
                    Perdón, señor. ¿Dónde está el hotel?

1. El hotel está en la Plaza Cánovas.
2. El banco está en la Avenida Central.
3. La entrada cuesta cien pesos.
4. El boleto cuesta quinientas pesetas.
5. El tren sale a las ocho.
6. El show empieza a las nueve.

SITUACIONES

Actividad 1

You are walking down a street in a Spanish-speaking city. You need some information.
1. You are staying at the Hotel Estrella. Ask where it is.
2. You want to eat at the Restaurante Vistamar. Ask where it is.
3. The person tells you that it is on the Malecón. Ask how you get to the Malecón. *Commo llega*
4. You will probably have to take a taxi. Ask someone how much the taxi costs.

¿quanto questa el taxi

Communicative
Topics

Capítulo 12

El teléfono

Vocabulario

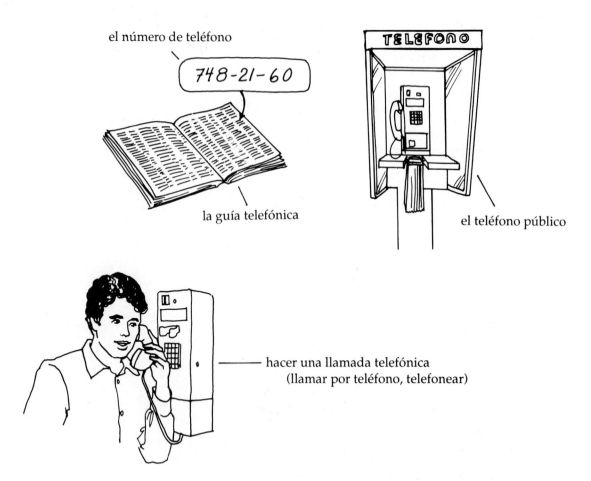

el número de teléfono

748-21-60

la guía telefónica

el teléfono público

hacer una llamada telefónica
(llamar por teléfono, telefonear)

NOTE   The Spanish equivalent for the English expression "telephone booth" is
la cabina telefónica.

Ejercicio 1   Answer the questions based on the illustrations.

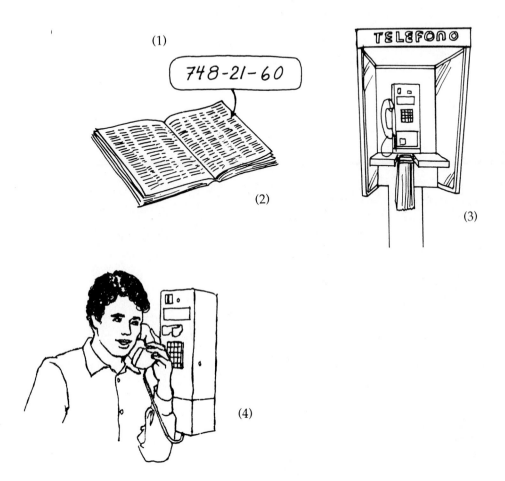

1. ¿Es el número de teléfono o el número del pasaporte?
2. ¿Es la guía telefónica o la cabina telefónica?
3. ¿Es un teléfono público o un teléfono privado?
4. ¿Hace Juan una llamada telefónica o manda (envía) un telegrama?

Ejercicio 2   Complete the statements with the correct expressions.

1. No tengo su número de teléfono. Lo voy a buscar en la _____.
2. Raúl Martínez: su _____ es el 220-40-17.
3. Quiero hablar con Raúl. Voy a _____.
4. No tengo teléfono. Yo voy a llamarle de un(a) _____.

Comunicación

Una llamada telefónica

UNA MUJER	¡Hola! (¡Haló!)	
UD.	¿Está el señor Guillén, por favor?	
UNA MUJER	¿De parte de quién?, por favor?	*Who's calling?*
UD.	De parte de *(your name)*.	
UNA MUJER	Un momentito, por favor. No *cuelgue* Ud.	*hang up*

Ejercicio 3   Do the following.

1. You are making a telephone call to a Miss Carmen Casals. Someone else answers the phone. Ask if Carmen Casals is there.
2. The person asks **¿De parte de quién?** Respond.
3. The situation is reversed. You are accepting a call. Answer the phone.
4. The call is not for you. Ask who is calling.
5. Tell the person to hold a moment.

SITUACIONES

Actividad 1

You are in Spain and want to make a telephone call, but you do not know the person's telephone number. Ask someone where a telephone book is.

Actividad 2

You are on the Gran Vía in Madrid and you want to phone someone. Ask where there is a telephone booth or a public telephone.

HOJAS DE LA VIDA

Actividad 1

Look at the following example of the white pages of a telephone book from Puerto Rico.

Gonzalez De La Cruz Candida
  Res National Church **Car**............ 752-6182
Gonzalez De La Cruz Leopoldo
  27 Calle San Fernando............... 762-4269
Gonzalez De La Cruz Luis
  16-RC Rosaleda 2 **Lev** 788-1124
Gonzalez De La Rosa Edwin
  1501 Calle 2 San Martin **Car**....... 762-8364

Gonzalez Diaz Jose E
  Carr 278 Km. 21 Bo Ortiz **Bay**.............. 795-1109
Gonzalez Diaz Julia A de
  433 1 Hnas Davila **Bay** 748-9127
Gonzalez Diaz Luis Alberto
  1 E Calle 5 Urb Rexville **Bay** 795-2205
Gonzalez Diaz Manuel
  13 Calle Llausetina Cty Club **Car** 783-3978

Based on the preceding example from the telephone directory, answer the questions.

1. ¿Cuál es el número de teléfono de Leopoldo González de la Cruz?
2. ¿Cuál es el número de teléfono de Julia A de González Díaz?

Actividad 2

Look at the following example of the yellow pages of a telephone book from Puerto Rico.

Based on the preceding example from the telephone directory, answer the questions.

1. ¿Cuál es el número de teléfono de Romero Rent a Car?
2. ¿Cuántas oficinas tiene Romero Rent a Car?
3. ¿Qué número llamas si estás cerca de la Mueblería Tartak?

Capítulo 13

El correo

Vocabulario

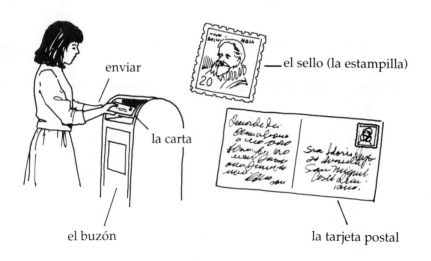

enviar

el sello (la estampilla)

la carta

el buzón

la tarjeta postal

Read the following:

Voy al *correo*.   *post office*
¿Cuánto es el *franqueo*?   *postage*

Si yo quiero enviar una carta, puedo ir al correo
o puedo echar la carta al buzón.

Ejercicio 1 Answer the questions based on the illustrations.

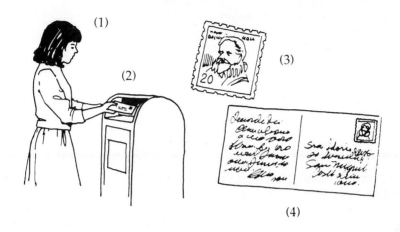

1. ¿Envía o recibe la señora una carta?
2. ¿Echa la carta al sello o al buzón?
3. ¿Es una tarjeta o un sello?
4. ¿Es una carta o una tarjeta postal?

Ejercicio 2 Answer the questions with one or more words.

1. ¿Cuánto es el franqueo para enviar (mandar) una carta en los Estados Unidos?
2. En los Estados Unidos, ¿hay sellos de veinte y nueve centavos?

Comunicación

En el correo

UD.	¿Cuánto es el franqueo para los Estados Unidos?
EMPLEADO	¿Quiere Ud. enviar una carta o una (tarjeta) postal?
UD.	Una tarjeta postal.
EMPLEADO	Para una tarjeta postal por correo aéreo a los Estados Unidos—cincuenta pesos.
UD.	Diez sellos, por favor.
EMPLEADO	Aquí tiene Ud. diez sellos de cincuenta pesos cada uno. Son quinientos pesos, por favor.
UD.	¿Dónde está el buzón, por favor?
EMPLEADO	Al otro lado de las *ventanillas*.

windows

Ejercicio 3   Complete the statements based on the preceding conversation.

1. El franqueo a los Estados Unidos es _____.
2. Es cincuenta pesos para _____ una tarjeta postal.
3. Por cincuenta pesos envían la tarjeta por correo _____.
4. Como tengo diez tarjetas, compro diez _____.
5. Echo las tarjetas al _____.

SITUACIONES

Actividad 1

You are on a street in Lima, Peru, and you want to mail something home. Ask someone where the post office is.

Actividad 2

You are in the post office in Ayacucho, Peru. You want to send some postcards to your friends back home.
1. Ask the post office clerk how much the postage is.
2. He wants to know if you are going to mail letters or postcards. Tell him.
3. You need three stamps. Tell him.

Actividad 3

You are walking down a street in Miraflores, a suburb of Lima. You are looking for a mailbox. Stop someone and ask where one is.

Capítulo 14
El banco

Vocabulario

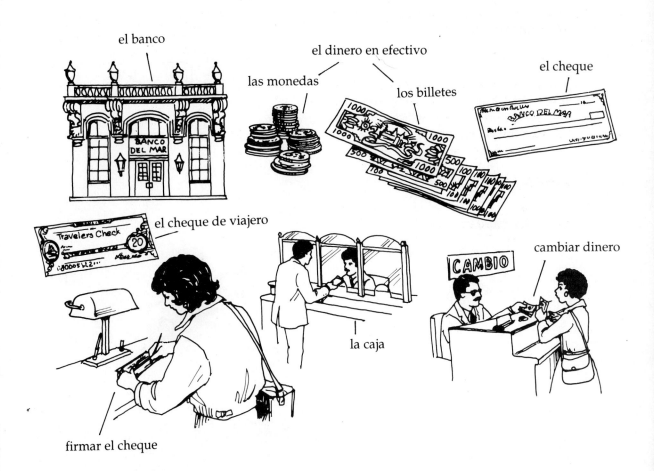

el banco

el dinero en efectivo

las monedas

los billetes

el cheque

el cheque de viajero

cambiar dinero

la caja

firmar el cheque

Ejercicio 1 Answer with one or more words based on the illustrations.

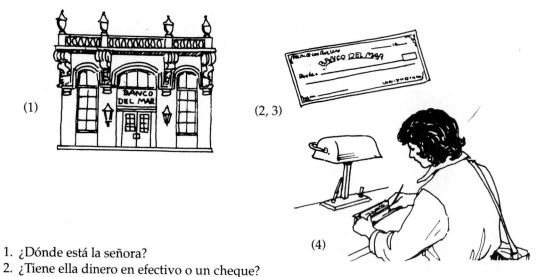

(1)

(2, 3)

(4)

1. ¿Dónde está la señora?
2. ¿Tiene ella dinero en efectivo o un cheque?
3. ¿Tiene un cheque de banco o un cheque de viajero?
4. ¿Escribe su nombre en el cheque? ¿Firma el cheque?

Ejercicio 2 Answer with one or more words based on the illustrations.

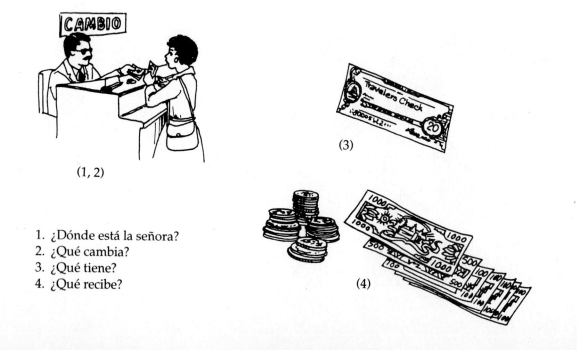

(1, 2)

(3)

1. ¿Dónde está la señora?
2. ¿Qué cambia?
3. ¿Qué tiene?
4. ¿Qué recibe?

(4)

Comunicaciones

En el banco

CLIENTE	*Quisiera* cambiar veinte dólares, por favor.
EMPLEADO	Sí, señorita.
CLIENTE	¿Cuál es el *cambio* hoy?
EMPLEADO	¿Tiene Ud. dinero en efectivo o un cheque de viajero?
CLIENTE	Un cheque de viajero.
EMPLEADO	Está a doscientos pesos el dólar.
CLIENTE	Está bien.
EMPLEADO	*Favor de* firmar el cheque.
CLIENTE	Sí, señor.
EMPLEADO	Su pasaporte, por favor.
CLIENTE	*(Handing it to him)* Aquí lo tiene Ud.
EMPLEADO	Ud. puede pasar a la caja a *cobrar* el dinero.

I would like

exchange rate

Please

to collect

Ejercicio 3   Complete the statements based on the preceding conversation.

1. La señorita quiere cambiar _____ .
2. Hoy el dólar está a _____ .
3. La señorita no quiere cambiar dinero en efectivo. Tiene _____ .
4. Ella firma el _____ .
5. Ella cobra el dinero en la _____ .

Ejercicio 4   Pretend you are in a Spanish-speaking country and you have to change some money. Answer the following questions with one or more words.

1. ¿Quiere Ud. cambiar dinero?
2. ¿Tiene Ud. que ir al banco?
3. ¿Quiere Ud. cambiar dólares en pesos?
4. ¿Cuántos dólares quiere Ud. cambiar?
5. ¿Tiene Ud. dinero en efectivo?
6. ¿Tiene Ud. cheques de viajero?
7. ¿Tiene Ud. que firmar el cheque?
8. ¿Quiere ver su pasaporte el empleado del banco?
9. ¿Tiene Ud. que pasar a la caja?
10. ¿Cobra Ud. su dinero en la caja?

Un problema monetario

CARLOS   Sólo tengo billetes grandes.
ANITA   ¿Necesitas cambio?
CARLOS   Sí. ¿Me puedes cambiar un billete de mil pesos?
ANITA   A ver. Sí, puedo. Aquí tienes diez billetes de cien.
CARLOS   Pero no tengo *suelto* y quiero hacer una llamada   *change (in coins)*
         telefónica.
ANITA   Tienes suerte. Tengo dos monedas de cincuenta.
         Aquí tienes nueve billetes de cien y dos monedas
         de cincuenta.
CARLOS   Mil gracias.
ANITA   De nada.

Ejercicio 5   Based on the preceding conversation between Carlos and Anita, correct each false statement.

1. Carlos tiene sólo billetes pequeños.
2. El necesita billetes grandes.
3. Anita puede cambiar un billete de cien pesos.
4. Pero Anita no tiene suelto.
5. Anita le da a Carlos nueve monedas de cien pesos y dos billetes de cincuenta.

Ejercicio 6   Answer the questions based on the cues.

1. ¿Tienes billetes grandes o pequeños?   *grandes*
2. ¿Necesitas cambio?   *sí*
3. ¿De qué necesitas cambio?   *de un billete de mil*
4. ¿Necesitas sólo billetes más pequeños?   *no*
5. ¿Necesitas suelto también?   *sí*

SITUACIONES

Actividad 1

You are in a bank in Caracas, Venezuela.
1. You want to change dollars into bolívares. Tell the teller.
2. The teller wants to know how many dollars you want to exchange. Tell him.
3. Ask the teller the exchange rate today.
4. The teller wants to know if you have cash or traveler's checks. Tell him.
5. You do not know where to collect your money. Ask him.
6. The cashier gives you all large bills. You need some smaller bills. Tell her.
7. She gives you smaller bills, but you also need some small change. Ask her if she can give you change.

HOJAS DE LA VIDA

Actividad 1

Read the following exchange chart from a Madrid newspaper. Remember that in Spanish numbers, a period represents thousands and a comma represents decimals.

MERCADO DE DIVISAS DE MADRID

	Lunes	Martes	Miércoles	Jueves	Viernes
1 ECU	133,700	133,350	133,590	133,210	133,060
1 dólar EE UU	130,377	129,790	130,281	131,086	128,962
1 dólar canadiense	108,850	107,800	108,500	109,130	107,630
1 dólar australiano	96,930	96,180	96,870	97,000	96,700
1 franco francés	19,009	18,964	18,980	18,949	18,952
1 libra esterlina	200,030	197,390	197,950	197,326	196,840
1 libra irlandesa	172,146	171,550	171,825	171,690	171,770
1 franco suizo	74,295	74,530	74,605	74,184	74,550
100 francos belgas	307,580	307,200	307,400	307,010	307,330
1 marco alemán	64,428	64,326	64,370	64,291	64,340
100 liras italianas	8,918	8,893	8,906	8,887	8,858
1 florín holandés	57,195	57,125	57,107	57,088	57,140
1 corona sueca	19,200	19,135	19,170	19,146	19,145
1 corona danesa	16,556	16,532	16,552	16,526	16,538
1 corona noruega	17,850	17,785	17,820	17,820	17,790
1 marco finlandés	28,915	28,825	28,873	28,839	28,855
100 chelines austríacos	915,250	913,950	916,401	913,351	914,500
100 escudos portugueses	77,530	77,250	77,300	77,240	.77,187
100 yenes japoneses	87,720	87,570	87,700	86,860	88,170
100 dracmas griegos	75,300	75,000	75,050	75,100	74,950

Fuente: Analistas Financieros Internacionales

Based on the preceding chart, choose the correct answers.

1. Hoy es viernes. ¿A cuánto está el dólar estadounidense hoy?
   a. 107,630   b. 128,962   c. 96,700
2. Si Ud. cambia cien dólares, ¿cuántas pesetas va a recibir?
   a. 12.896,200   b. 128.962   c. 130.377

Actividad 2

Express the following in Spanish.

1. French franc
2. Irish pound
3. Danish crown
4. Japanese yen
5. German mark
6. Pound sterling

Capítulo 15

El aeropuerto

Vocabulario

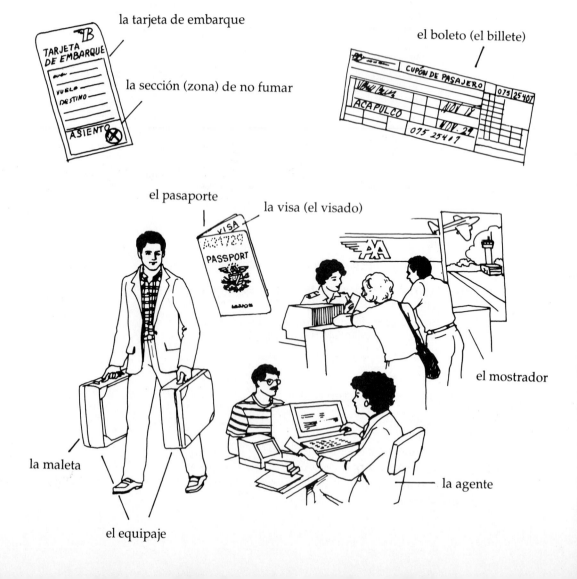

la tarjeta de embarque

la sección (zona) de no fumar

el boleto (el billete)

el pasaporte

la visa (el visado)

el mostrador

la maleta

la agente

el equipaje

Ejercicio 1   Answer with one or more words based on the illustrations.

1. ¿Tiene equipaje el señor?
2. ¿Cuántas maletas tiene?
3. ¿Tiene el señor su pasaporte?
4. ¿Es americano o español el pasaporte?
5. ¿Tiene el señor su tarjeta de embarque?
6. ¿Dónde quiere sentarse el señor? ¿En la sección de fumar o en la sección de no fumar?
7. ¿Para dónde es el boleto (el billete)?

Comunicación

En el mostrador de una línea aérea

AGENTE	Su boleto, por favor.
PASAJERO	Sí, señor. *(Handing it to him)* Aquí lo tiene Ud.
AGENTE	El vuelo 803 a Madrid. Me permite ver su pasaporte, por favor.
PASAJERO	Aquí lo tiene Ud.
AGENTE	¿Lleva Ud. equipaje?
PASAJERO	Sí, tengo dos maletas.
AGENTE	Muy bien. Dos maletas *facturadas* a Madrid. *checked*
	¿Y prefiere Ud. un *asiento* en la sección de fumar *seat*
	o en la sección de no fumar?
PASAJERO	No fumar, por favor.
AGENTE	Tengo un asiento en la sección de no fumar,
	pasillo. ¿Está bien? *aisle*
PASAJERO	Sí, señor.
AGENTE	Muy bien. Aquí tiene Ud. su tarjeta de embarque—
	asiento C en la *fila* 23. El vuelo sale a las ocho y *row*
	media de la puerta número cinco. ¡Buen viaje!
PASAJERO	Gracias.

Ejercicio 2 Complete the statements based on the preceding conversation.

1. El señor Salas va a _____.
2. El número del vuelo es el _____.
3. El señor Salas lleva _____.
4. Tiene dos _____.
5. Las maletas están facturadas a _____.
6. El señor Salas prefiere un asiento en la sección _____.
7. Tiene el asiento número _____.
8. El vuelo para Madrid sale de la puerta _____.

Ejercicio 3 Pretend you are Mr. Salas and are about to leave for Madrid. Answer the following questions with one or more words.

1. ¿Adónde va Ud.?
2. ¿Tiene Ud. su boleto (billete)?
3. ¿Me permite ver su boleto?
4. ¿Es Ud. americano o español?
5. ¿Tiene Ud. equipaje?

6. ¿Cuántas maletas tiene Ud.?
7. ¿Fuma Ud.?
8. ¿Prefiere Ud. sentarse (un asiento) en la sección de fumar o en la sección de no fumar?
9. ¿Prefiere Ud. un asiento en el pasillo, en el centro o en la ventanilla?
10. ¿A qué hora sale su vuelo?

SITUACIONES

Actividad 1

You are speaking with an airline agent at the check-in counter of AeroPerú at the Jorge Chávez Airport in Lima, Perú.
1. The agent wants to know where you are going. Tell her.
2. She wants to see your ticket. Say something to her as you hand it to her.
3. She wants to know your nationality. Tell her.
4. She wants to know how much luggage you have. Tell her.
5. She wants to know where you prefer to sit on the airplane. Tell her.

Actividad 2

You are in the Ezeiza Airport in Buenos Aires, Argentina and you need some information.
1. The flight to New York has been delayed **(Hay una demora).** You want to know at what time it is going to leave. Ask someone.
2. You want to know what gate the flight to New York leaves from. Ask someone.

HOJAS DE LA VIDA

Actividad 1

Read the departure screen **(la pantalla)** at the Ezeiza Airport in Buenos Aires.

VUELO	SALIDA	ABORDAR	PUERTA	DESTINO
PA 105	7:05	6:30	5	MIAMI
AA 731	7:30	7:00	12	LIMA
AF 701	8:15	7:45	2	PARIS

Based on the information you have just read about departures from Ezeiza, select the appropriate completions.

1. El vuelo 105 de la Pan American sale a las _____.
   a. siete y cinco   b. seis y media   c. cinco
2. El vuelo que sale a las ocho y cuarto va a _____.
   a. Lima   b. París   c. Miami
3. AF significa _____.
   a. Pan American   b. Air France   c. Lloyd Boliviana
4. Los pasajeros del vuelo 701 de Air France pueden abordar el avión a las _____.
   a. ocho y cuarto   b. ocho menos cuarto   c. dos
5. El vuelo que sale de la puerta número doce va a _____.
   a. Miami   b. Lima   c. París

Actividad 2

Look at the following airline ticket.

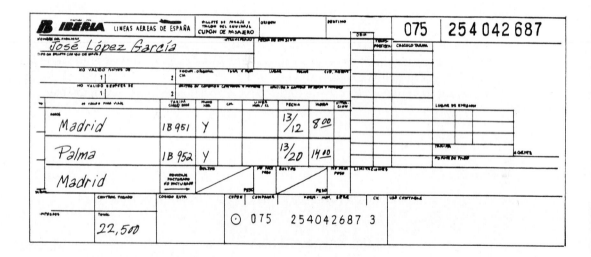

Give the following information based on the airline ticket you just read.

1. el nombre del pasajero
2. el número del primer vuelo
3. el destino del primer vuelo
4. la hora de salida del primer vuelo
5. el nombre de la compañía (línea) aérea

Capítulo 16
La estación de ferrocarril

Vocabulario

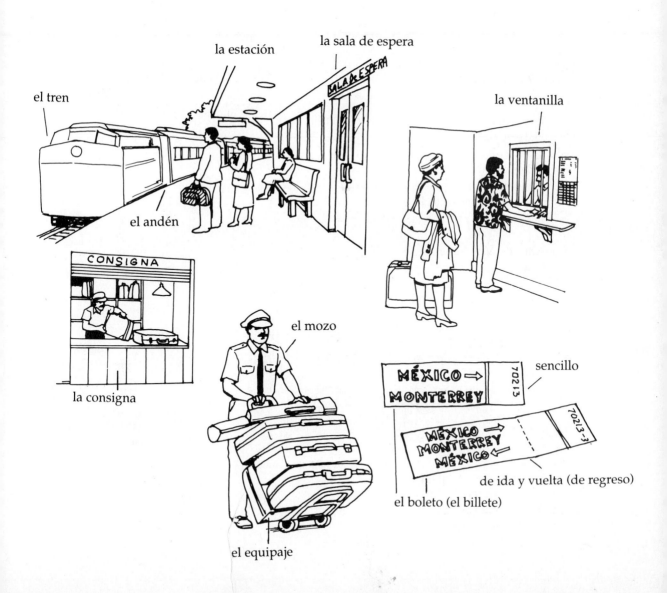

la estación

la sala de espera

el tren

la ventanilla

el andén

CONSIGNA

la consigna

el mozo

el equipaje

MÉXICO →
MONTERREY
70213

sencillo

MÉXICO →
MONTERREY
MÉXICO ←
70213-3

de ida y vuelta (de regreso)

el boleto (el billete)

la clase
PRIMERA
el pasillo
libre
el asiento
bajar(se)
subir

La señora hace un *viaje*.   *trip*
Hace el viaje en tren.
El boleto no es muy caro.
El boleto no cuesta mucho.
No es caro porque la señora viaja en segunda clase.
No viaja en primera clase.
Un boleto en primera clase resulta caro.

Ejercicio 1   Match the object with its name.

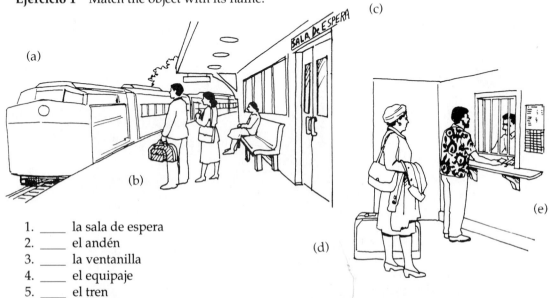

1. _____ la sala de espera
2. _____ el andén
3. _____ la ventanilla
4. _____ el equipaje
5. _____ el tren

Ejercicio 2   Choose the correct answers.

1. Voy a hacer un (equipaje/viaje) a Madrid.
2. Voy a comprar un billete de (ida y vuelta/consigna).
3. El tren sale del (asiento/andén) número 3.
4. La (ventanilla/salida) del tren es a las 8:00.
5. No llevo casi nada. Tengo poco (asiento/equipaje).
6. Y no quiero dejar el equipaje en la (ventanilla/consigna).
7. Es tarde. Tengo que ir a la (estación/salida).

Ejercicio 3   Complete the following sentences.

1. Mi boleto no es de ida y vuelta, es _____.
2. Y es barato, porque es de _____.
3. El _____ es de sólo dos horas.
4. El _____ sale a las 8:00 y llega a las 10:00.
5. Tengo mucho equipaje. Necesito un _____ para ayudarme.
6. Ahora voy a la sala de _____ porque es temprano.
7. Quiero un _____ al lado del pasillo.

Comunicación

En la ventanilla

VIAJERA   Un billete para Madrid, por favor.
AGENTE   ¿De ida y vuelta o sencillo?
VIAJERA   Sencillo, por favor.
AGENTE   ¿Para cuándo, señorita?
VIAJERA   Para hoy.
AGENTE   ¿En qué clase, primera o segunda?
VIAJERA   Segunda clase.
AGENTE   Son tres mil pesetas.
VIAJERA   ¿A qué hora sale?
AGENTE   Sale de aquí a las 20:10.
VIAJERA   ¿De qué andén?
AGENTE   Del andén número cinco.

Ejercicio 4   Answer the questions based on the preceding conversation.

1. ¿La viajera quiere un billete de ida y vuelta?
2. ¿Qué quiere?
3. ¿Cuándo hace el viaje ella?
4. ¿En qué clase viaja?
5. ¿Cuánto cuesta el billete?
6. ¿A qué hora es la salida del tren?
7. ¿De qué andén sale el tren?

Ejercicio 5   The ticket agent asks you some questions. Answer using the cues.

1. ¿Qué desea Ud.?   *a train ticket*
2. ¿Para dónde?   *Madrid*
3. ¿De ida y vuelta o sencillo?   *one-way*
4. ¿En qué clase, primera o segunda?   *first-class*
5. ¿Dónde quiere sentarse?   *near the aisle*

SITUACIONES

Actividad 1

You are at the train station in Asunción, Paraguay.
1. You want to buy a ticket for Buenos Aires, but you cannot find the ticket window. Ask someone where it is.
2. You are speaking with the ticket clerk. Tell him what you want.
3. He asks if you want a one-way or a round-trip ticket. Tell him.
4. Ask him how much it is.
5. You want to know at what time the next train for Buenos Aires leaves. Ask him.
6. You want to know which platform the train leaves from. Ask him.

Actividad 2

You are at the Atocha train station in Madrid. You have just bought your ticket.
1. Your train doesn't leave for half an hour. You want to know where the waiting room is. Ask the ticket clerk.
2. He sees you have a lot of luggage. He asks if you need a porter. Tell him.

HOJAS DE LA VIDA

Actividad 1

Read the following train information.

Based on the train information you just read, answer the following questions.

1. The information in black type is in Spanish. What is the other language used?
2. What is Barcelona-Sants?
3. Where does the train go?
4. When are the first and last trips to the airport?
5. When are the first and last trips from the airport?
6. How often do the trains depart in each direction?
7. How long does the trip take?
8. Explain the statement following the bullet(•).
9. What are all those places such as Término, Torre Baró, etc.?

Capítulo 17
Alquilando un automóvil

Vocabulario

la marca

el auto (el coche, el carro)

el modelo de dos puertas

la licencia (el permiso de conducir)

la agencia de alquiler

Ejercicio 1   Answer with one word or a few words based on your own experience.

1. ¿Tiene Ud. o su familia un coche?
2. ¿De qué marca es?
3. ¿Es un modelo de dos o cuatro puertas?
4. ¿De qué año es el auto?
5. ¿De qué color es el carro?
6. ¿Cuántos kilómetros (o millas) tiene el auto?
7. ¿Quiénes en su familia tienen licencia (permiso de conducir)?

Ejercicio 2   Complete the following sentences.

1. Ella va a una agencia para alquilar un _____.
2. La _____ del auto es Ford.
3. Es un modelo de dos _____.
4. El agente quiere ver la _____ de su cliente.
5. Ella no va lejos. Sólo va a recorrer unos treinta _____.

Comunicación

AGENTE	¿En qué le puedo servir, señorita?	
CLIENTE	Quiero *alquilar* un auto.	*to rent*
AGENTE	Muy bien. ¿Para cuánto tiempo va a alquilar el auto?	
CLIENTE	Solamente una semana.	
AGENTE	Tenemos uno de dos puertas. ¿Está bien?	
CLIENTE	Sí. ¿Cuánto es?	
AGENTE	Por una semana...dos mil pesos.	
CLIENTE	Dos mil pesos, ¿nada más?	
AGENTE	Y cinco pesos por kilómetro.	
CLIENTE	¿Y los *seguros*?	*insurance*
AGENTE	Los seguros están incluídos.	
CLIENTE	Está bien.	
AGENTE	Su licencia y su *tarjeta de crédito*, por favor. *(Un minuto más tarde)* Aquí tiene Ud. su licencia y su tarjeta de crédito. ¿Ud. piensa *devolver* el coche aquí?	*credit card* *to return*
CLIENTE	No, voy a devolverlo al aeropuerto.	

Ejercicio 3   Choose the correct completions based on the preceding conversation.

1. La señorita quiere _____ un automóvil.
   a. comprar   b. vender   c. alquilar
2. Ella quiere el auto por _____.
   a. una hora   b. un día   c. una semana
3. Ella alquila un coche con _____ puertas.
   a. dos   b. cuatro   c. cinco
4. El precio para alquilar el coche es _____ pesos por semana.
   a. 5   b. 200   c. 2000
5. También tiene que pagar cinco pesos por _____.
   a. día   b. kilómetro   c. puerta
6. La señorita no tiene que pagar más por los _____. Están incluídos.
   a. kilómetros   b. seguros   c. pesos
7. La señorita paga con _____.
   a. tarjeta de crédito   b. licencia   c. puertas

SITUACIONES

Actividad 1

You have just arrived on a flight to San José, Costa Rica. You want to rent a car so you proceed immediately to the counter of a rental agency.
   1. Tell the agent what you want.
   2. She asks what type of car you want. Tell her.
   3. She wants to know for how long you want the car. Tell her.
   4. You want to know the price for the rental. Ask her.
   5. You know the rental price does not include mileage. You want to know the price per kilometer. Ask her.
   6. You want to know if insurance is included. Ask her.
   7. The agent wants to know if you have a license and a credit card. Tell her.
   8. She wants to know where you will return the car. Tell her.

HOJAS DE LA VIDA

Actividad 1

Read the following brochure.

Answer the questions based on the information in the brochure.

1. What is the company's name?
2. In what business are they?
3. What make do they feature?
4. What does the series of numbers refer to?
5. What is the address of the company?

Actividad 2

Figure it out or guess!

1. How do you say "reservations"?
2. What are Yegros and Cerro Corá?
3. The agency is on the corner of two streets. Which word in the brochure might mean "corner"?

Capítulo 18

La gasolinera

Vocabulario

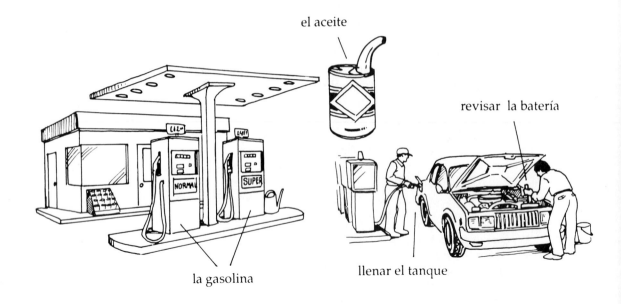

el aceite

revisar la batería

la gasolina

llenar el tanque

NOTE You will frequently hear **la nafta** or **la bencina** to refer to "gasoline."

Ejercicio 1 Choose the appropriate words to complete the following.

1. Ellos están en una (batería/gasolinera).
2. El cliente quiere llenar (la batería/el tanque) de gasolina.
3. Pone veinte (baterías/litros) de gasolina en el tanque.
4. El hombre va a (llenar/revisar) el aceite en el motor.
5. La gasolinera no tiene (batería/gasolina) super, sólo normal.
6. El hombre revisa el aceite y la (gasolinera/batería).

Ejercicio 2 Correct the following statements.

1. La gasolina se vende por libra.
2. En la gasolinera, revisan la gasolina.
3. En la batería se usa aceite.
4. Se compra mucha gasolina para llenar la batería.

Comunicación

En la gasolinera

CLIENTE	Gasolina, por favor.	
EMPLEADO	¿Normal o super?	
CLIENTE	Normal. *Sin plomo.*	*Unleaded*
EMPLEADO	¿Lleno el tanque?	
CLIENTE	No. Eso es mucho.	
EMPLEADO	¿Cuántos litros quiere?	
CLIENTE	Veinte, nada más.	
EMPLEADO	Y el aceite, ¿debo revisarlo?	
CLIENTE	Sí, por favor. Y el agua de la batería también.	
	(Unos minutos más tarde)	
EMPLEADO	El aceite está bien. Y la batería. Son dos mil pesos.	

Ejercicio 3 Answer with one word based on the preceding conversation.

1. ¿Dónde trabaja el empleado?
2. ¿Qué necesita la cliente?
3. ¿Quiere llenar el tanque?
4. ¿Cuánta gasolina quiere?
5. ¿Quién revisa el aceite?
6. ¿Qué más revisa?
7. ¿Cuánto paga la cliente?
8. ¿Cuánto cuesta un litro de gasolina?

SITUACIONES

Actividad 1

You are driving in the Dominican Republic. You pull into a service station.
1. You need gas. Tell the attendant.
2. He wants to know what kind of gas you want. Tell him.
3. He wants to know how much gas you want. Tell him.
4. You think it would be a good idea to check the oil and water. Tell the attendant.

Capítulo 19
El hotel

Vocabulario

La recepción (del hotel)

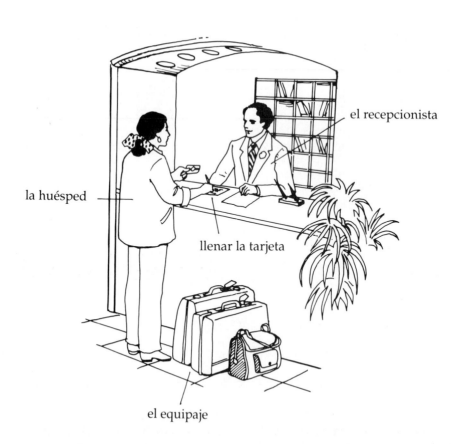

la huésped

el recepcionista

llenar la tarjeta

el equipaje

el mozo (el botones)

la llave

el cuarto (la habitación)

la maleta

la cama

Read the following:

El mozo puede *subir* las maletas al cuarto.	*take up, carry up*
Un *cuarto sencillo* es para una persona.	*single room*
Un *cuarto doble* es para dos personas.	*double room*

NOTE   A bellhop is often called a **botones** because of the many brass buttons on the traditional bellhop uniform.

Ejercicio 1   Answer the questions based on the illustrations.

1. ¿Es la señorita la huésped o la recepcionista?
2. ¿Están ellos en la recepción o en un cuarto?
3. ¿Quiere un cuarto sencillo o doble?
4. ¿La habitación es de una cama o de dos camas?
5. ¿Ella tiene mucho equipaje o poco equipaje?

Ejercicio 2   Choose the best completions.

1. La señorita tiene una (reservación/tarjeta) para esta noche.
2. La reserva está a (nombre/cuarto) de Diana Martín.
3. Es para una (reserva/habitación) doble.
4. El recepcionista le da una tarjeta para (subir/llenar).
5. Y le da también una (llave/cama) para el cuarto.

Comunicación

En la recepción

RECEPCIONISTA	¿Tiene Ud. una reservación, señorita?
HUESPED	Sí. Tengo una reserva.
RECEPCIONISTA	*¿A nombre de quién,* por favor?
HUESPED	Oliver. Linda Oliver.
RECEPCIONISTA	Ah, sí. Aquí está. Dos noches, ¿verdad?
	Un cuarto sencillo, con sólo una cama.
HUESPED	Bien. ¿Cuánto es, por favor?
RECEPCIONISTA	Mil quinientos pesos. Favor de llenar esta
	tarjeta.
HUESPED	Muy bien.
	(Ella llena la tarjeta.)
RECEPCIONISTA	Gracias, y aquí tiene Ud. la llave. Ud. tiene
	el cuarto 501 en el quinto *piso.*
HUESPED	Gracias.
RECEPCIONISTA	¿Tiene equipaje?
HUESPED	Sí. Una maleta.
RECEPCIONISTA	Llamo al mozo. El le sube la maleta.

In whose name (for line 3)

floor (for the quinto piso line)

Ejercicio 3   Answer with one or two words based on the preceding conversation.

1. ¿Qué tiene la señorita?
2. ¿A nombre de quién está el cuarto?
3. ¿Para cuántas noches es la reservación?
4. ¿Qué tipo de cuarto quiere la señorita?
5. ¿Cuál es el precio del cuarto?
6. ¿Qué tiene que llenar la señorita?
7. ¿Qué le da el recepcionista a la señorita?
8. ¿En qué piso está el cuarto?
9. ¿Tiene equipaje la señorita?
10. ¿A quién llama el recepcionista?
11. ¿Qué va a hacer el mozo?

Vocabulario

La caja

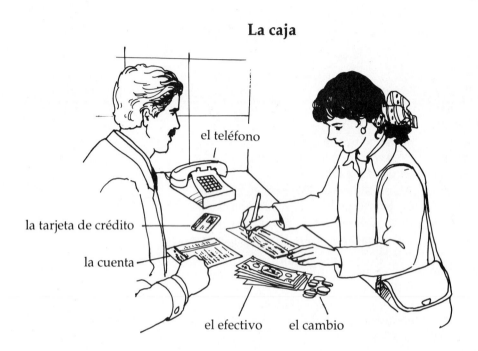

el teléfono

la tarjeta de crédito

la cuenta

el efectivo   el cambio

Read the following:

    el cargo   el dinero o el precio que tiene que pagar el (la) cliente por cada servicio
    el recibo   el papel que recibe el (la) cliente indicando lo que ha pagado

Ejercicio 4   Choose the best completions.

  1. La señora quiere su (cuenta/teléfono).
  2. Ella va a (dar/pagar) ahora.
  3. Ella no paga con tarjeta de crédito. Paga en (cambio/efectivo).
  4. Ella le da el dinero al cajero y él le da el (cambio/efectivo).
  5. Ella no usa el (teléfono/recibo). No hace ninguna llamada.
  6. Pero tiene que pagar el desayuno; es el único (cargo/recibo) extra que tiene.

Ejercicio 5   Answer with one or more words.

  1. ¿Dónde paga la señorita?
  2. ¿Qué paga ella?
  3. ¿Cómo paga?

Comunicación

La salida del hotel

HUESPED	La cuenta, por favor.
CAJERO	¿Su número de habitación?
HUESPED	228.
CAJERO	¿La señorita Martín?
HUESPED	Sí, soy yo.
CAJERO	¿Algún cargo esta mañana? ¿Teléfono, desayuno?
HUESPED	Ninguna llamada. Pero desayuno, sí.
CAJERO	Total, dos mil ciento ochenta. ¿Quiere pagar en efectivo o con tarjeta de crédito?
HUESPED	Prefiero pagar en efectivo.
CAJERO	De acuerdo. Aquí tiene su recibo.

Ejercicio 6   Complete the sentences based on the preceding conversation.

1. La señorita pide su _____.
2. El cajero le pide el _____ de su habitación.
3. Ella no hizo ninguna _Cargo_ por teléfono.
4. Ella tomó el _____ esta mañana.
5. Ella paga en _efectivo_.
6. El cajero le da un _____.

Ejercicio 7   You are checking out of room 121. Your only charge this morning was a telephone call. Answer the cashier.

1. ¿Quiere Ud. la cuenta?
   Sí quiero la cuenta

2. ¿Cuál es el número de su cuarto?
   ciento veinte y uno

3. ¿Tiene algún cargo esta mañana?
   Sí, una llama teléfono

4. ¿Cómo prefiere Ud. pagar?
   Pagar en efectivo

SITUACIONES

Actividad 1

You have just arrived at the Hotel Colón in Barcelona. You are at the reception desk to check in.

1. Ask the receptionist if he has a single room.
2. He asks if you have a reservation. You do not. Tell him.
3. He tells you he has a single room on the fifth floor. You want to know how much it is. Ask him.
4. The receptionist asks how many nights you plan to spend at the hotel. Tell him.
5. He asks if you have a lot of luggage. Tell him.

Actividad 2

Your stay at the hotel is over and you are paying your bill at the cashier counter.

1. You want your bill. Ask for it.
2. The cashier asks you for your room number. Tell her.
3. She asks if you made any phone calls or had other charges this morning. Answer her.
4. She asks if you want to charge your room or pay in cash. Tell her.

HOJAS DE LA VIDA

Actividad 1

Read the following hotel descriptions from a travel guide.

Hotel Niza, María Berdiales 32 (tel. 22 88 00) 112 habitaciones.
    Precios módicos. Tarjetas: AE, DC, V.
Samil Playa, Playa Samil (tel. 23 25 30) a seis kilómetros de la
    ciudad. 127 habitaciones. Piscina, tenis y discoteca, AE, DC,
    MC, V. Moderno. Precios altos en verano.

Answer the questions based on the preceding hotel descriptions.

1. Which hotel would you choose if you were on a tight budget?
2. Which hotel accepts Master Card?
3. What number would you call if you want to be in town?
4. Which hotel is a resort?
5. Which is the smaller hotel?
6. Where is the Samil Playa located?
7. Which hotel accepts American Express credit cards?
8. Where would you go to dance?

Actividad 2

Read the following hotel card.

```
┌─────────────────────────────────────────────┐
│  [HA logo]  Hotel Alameda                     │
│  ★★★★★                                         │
│  Avda Logroño, 100                            │
│  ✉ Barajas · Madrid · 22  ●  ☎ 747 48 00·747 18 46 │
│      ⚓ ALAMEDATEL  ●    Telex 43809 HALA-E   │
│                                               │
│                        ┌──────────┐           │
│                        │ N.º Pers.│           │
│                        │    2     │           │
│   Sr.  WODFORD         └──────────┘           │
│   Mr.                                         │
│   Calle    USA                                │
│   Adress                                      │
│                                               │
│   Ciudad               Pais                   │
│   City                 Country                │
│   n.º Habit.           Precio                 │
│   Room n.º 233         Price  6500            │
│                                               │
│   Llegada/Arrival      Salida/Departure       │
│      13/11                14/11               │
│   BIENVENIDO           BIENVENU               │
│   WELLCOME             WILLCOMMEN             │
│          Firma/Signature:                     │
└─────────────────────────────────────────────┘
```

Answer the questions based on the preceding hotel card.

1. What is the hotel address?
2. How many people are in the room?
3. What is the room number?
4. What is the price of the room?
5. When did the guest(s) arrive?
6. When will the guests leave?
7. What country are the guests from?

Capítulo 20

Comprando ropa

Vocabulario

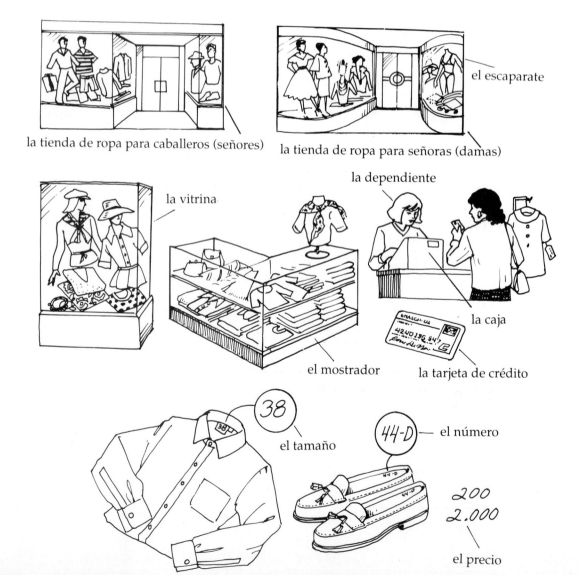

la tienda de ropa para caballeros (señores)

la tienda de ropa para señoras (damas)

el escaparate

la vitrina

la dependiente

la caja

el mostrador

la tarjeta de crédito

el tamaño

38

el número

44-D

el precio

200
2.000

Read the following:

¿Cuánto cuesta?
¿Cuánto es?
El saco *me queda bien*.   *looks good*

NOTE   A complete list of articles of clothing appears on page 71.

Ejercicio 1   Answer with one word based on the illustrations.

(1, 2, 3)

(4)

(5)

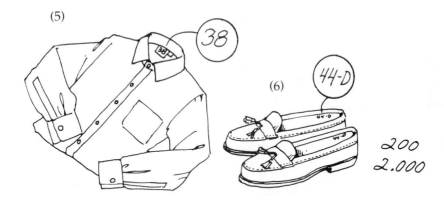

(6)

1. ¿Es una tienda de ropa para caballeros o para damas?
2. ¿Es elegante o humilde la tienda?
3. ¿Es el escaparate o el mostrador?
4. ¿Es la dependiente o la cliente?
5. ¿La camisa? ¿De qué tamaño es? ¿Treinta y ocho o cuarenta y dos?
6. ¿Y los zapatos? ¿De qué número son? ¿El cuarenta y dos o el cuarenta y cuatro?

Ejercicio 2   Give the following personal information.

1. el tamaño de tu camisa
2. el número de tus zapatos

Comunicaciones

En la tienda de ropa para señores

Dependiente	Sí, señor. *¿En qué puedo servirle?*	*May I help you?*
Cliente	*(Quisiera)* una camisa, por favor.	*I would like*
Dependiente	Su tamaño, por favor.	
Cliente	El cuarenta.	
Dependiente	¿Qué color prefiere Ud.?	
Cliente	Blanco. ¿Y cuánto es la camisa?	
Dependiente	Mil pesos. Ud. puede pagar en la caja.	

Ejercicio 3 Answer the questions based on the preceding conversation. You may wish to use only one word.

1. ¿Dónde está José?
2. ¿Con quién habla?
3. ¿Qué compra?
4. ¿Cuál es su tamaño?
5. ¿Qué color quiere?
6. ¿Cuál es el precio de la camisa?
7. ¿Dónde puede pagar?

En la tienda de ropa para señoras

Dependiente	Sí, señorita. ¿En qué puedo servirle?
Cliente	(Quisiera) una blusa, por favor.
Dependiente	Su tamaño, por favor.
Cliente	Treinta y seis.
Dependiente	¿Tiene Ud. un color favorito (predilecto)?
Cliente	El blanco, por favor. ¿Y cuánto es la blusa?
Dependiente	Mil pesos. Ud. puede pagar en la caja.

Ejercicio 4 Answer the questions based on the preceding conversation. You may wish to use only one word.

1. ¿Dónde está Clarita?
2. ¿Con quién habla?
3. ¿Qué compra?
4. ¿Cuál es su tamaño?
5. ¿Qué color prefiere?
6. ¿Cuánto es la blusa?
7. ¿Dónde puede pagar?

En una tienda de zapatos (calzado)

DEPENDIENTE	¿En qué puedo servirle?
CLIENTE	(Quisiera) un par de tenis (zapatillas), por favor.
DEPENDIENTE	¿Y qué número necesita Ud.?
CLIENTE	Cuarenta y tres.
DEPENDIENTE	*¿Qué tal éstos? ¿Le sientan bien?*
CLIENTE	Sí, sí. Me sientan muy bien. ¿Cuánto son, por favor?
DEPENDIENTE	Cinco mil pesetas.

How are these?/
fit

Ejercicio 5 Choose the correct completions based on the preceding conversation.

1. El cliente está en _____.
   a. la tienda de ropa   b. la tienda de zapatos   c. la cancha de tenis
2. El compra _____.
   a. una camisa   b. una zapatería   c. un par de tenis
3. ¿Cuál es _____ de los tenis que compra?
   a. el dependiente   b. el número   c. el calzado
4. ¿Qué tal los tenis? Ellos _____.
   a. le sientan bien   b. son raquetas de tenis   c. cuestan mucho
5. Los tenis _____.
   a. no tienen precio   b. cuestan 5.000 pesetas   c. son blancos

SITUACIONES

Actividad 1

You are in a clothing store in the chic Zona Rosa in Mexico City. The clerk comes up to you.
1. She asks you what she can do for you. Tell her what you want.
2. She asks you your size. Respond.
3. She wants to know what color you want. Tell her.
4. She shows you a _____ and you try it on. She asks if it fits okay. Tell her it does.
5. You want to know the price of the _____. Ask her.
6. You want to know if you can pay with a credit card. Ask her.

Actividad 2

You are in a shoe store in Buenos Aires, a city noted for the quality of its fine leather (**cuero fino**). The clerk comes up to you.
1. He asks you what you want. Of course, you want a pair of shoes. Tell him.
2. He jokingly asks if you want canvas shoes (**de lona**). Tell him no.
3. Tell him you want fine leather shoes.
4. He asks you your size. Tell him.

5. He wants to know what color you want. Tell him you want black shoes.
6. He brings you a pair and you try them on. He wants to know if they fit. Tell him.
7. You want to know the price of the shoes. Ask him.

Actividad 3

You are working in a clothing store in a city in the United States. A tourist from South America comes in and you notice that his English is very limited. Help him by speaking with him in Spanish.
1. Ask him what you can do for him.
2. He tells you he wants a shirt. Ask him his size.
3. Ask him what color he wants.
4. He asks you the price of the shirt. Tell him.

HOJAS DE LA VIDA

Actividad 1

Read the following advertisement that appeared in the newspaper *El Clarín* in Buenos Aires.

There are several abbreviations in the advertisement. Find the abbreviations for the following words.

1. capital (In this advertisement, the word "capital" refers to what city?)
2. teléfono

Using the advertisement as a guide, match the words in the first column with those in the second column.

1. calzado
2. hombres
3. damas
4. niños

a. caballeros
b. zapatos
c. chiquitos
d. señoras

Look at the advertisement again and give the following information in Spanish.

1. the name of the store
2. the address
3. the city
4. the business hours

According to the ad, they are having a sale. What is the word that tells there is a sale?

Clothing (La ropa)

bathing suit   el traje de baño, el bañador,
   bikini   el slip
belt   el cinturón
blouse   la blusa
blue jeans   los blue jeans, los pantalones
   (de) vaquero
boot   la bota
brassiere   el sostén, el corpiño
button   el botón
dress   el vestido
evening gown   el vestido de fiesta
   (de gala)
gloves   los guantes
half slip   las enaguas
handkerchief   el pañuelo
hat   el sombrero
jacket   el saco, la chaqueta, la campera,
   la americana
necktie   la corbata
nightgown   la camisa noche, el camisón
outer jacket   el blusón
overcoat   el abrigo
pajamas   las pijamas
panties   los pantis, las bragas, las
   bombachas

pantyhose   los pantis
pocketbook   el bolso, la bolsa
raincoat   la gabardina, el impermeable,
   el piloto
robe   la bata, el albornoz, el deshabillé
sandals   las sandalias, las alpargatas
scarf   la bufanda
shirt   la camisa
shoe   el zapato
shoelace   el cordón, el pasador
short pants   los pantalones cortos
skirt   la falda, la pollera
slip   la combinación
slipper   el zapatillo, la zapatilla, la chinela
sneaker   el tenis
socks   los calcetines, las medias
stockings   las medias
suit   el traje (completo)
sweater   el suéter, el jersey
trousers   el pantalón
tuxedo   el smoking
underpants   los calzoncillos
undershirt   la camiseta
vest   el chaleco, la remera

Capítulo 21

Comprando comestibles

Vocabulario

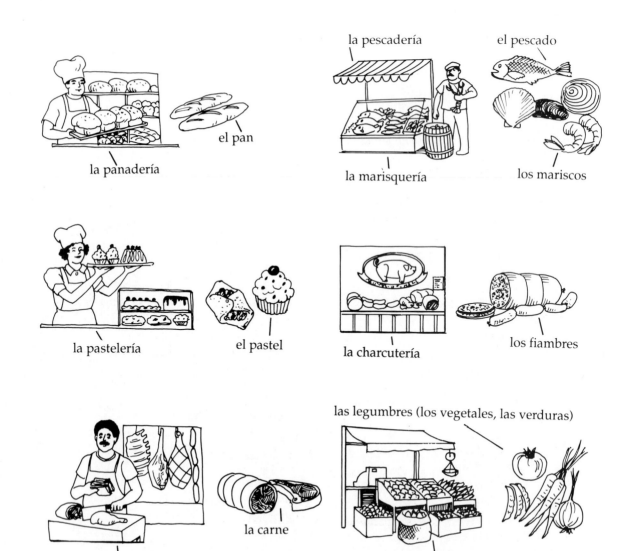

la panadería — el pan

la pescadería — el pescado

la marisquería — los mariscos

la pastelería — el pastel

la charcutería — los fiambres

la carnicería — la carne

las legumbres (los vegetales, las verduras)

la verdulería

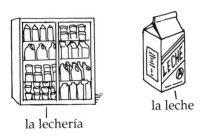

la leche

la lechería

las frutas

la frutería

la caja

Read the following:

un gramo
un kilo

Hay mil gramos en un kilo.

NOTE   A complete list of food items appears on pages 76-78. It is a reference list. Do not try to memorize it. This list also appears in the second and third books in this series.

Ejercicio 1   Answer the questions giving the appropriate place.

1. Ud. necesita pan. ¿Dónde compra Ud. el pan?
2. Ud. necesita pescado. ¿Dónde compra Ud. el pescado?
3. Ud. necesita frutas. ¿Dónde compra Ud. las frutas?
4. Ud. necesita carne. ¿Dónde compra Ud. la carne?
5. Ud. necesita fiambres. ¿Dónde compra Ud. los fiambres?
6. Ud. necesita pasteles. ¿Dónde compra Ud. los pasteles?
7. Ud. necesita leche. ¿Dónde compra Ud. la leche?
8. Ud. necesita legumbres frescas. ¿Dónde compra Ud. las legumbres?

Ejercicio 2   Tell what you have to buy.

1. Voy a la verdulería.
2. Voy a la panadería.
3. Voy a la lechería.
4. Voy a la frutería.
5. Voy a la carnicería.

Comunicación

En la tienda de comestibles

EMPLEADO	*¿A quién le toca?*	*Who's next?*
UD.	A mí. *(Tell what you want)*, por favor.	
EMPLEADO	*(Frequently repeats what you want)* ¿Y qué más?	
UD.	Nada más, gracias. ¿Cuánto es?	
EMPLEADO	Quinientos pesos. Pase Ud. a la caja, por favor.	
UD.	¿Pago en la caja?	
EMPLEADO	Sí, señor(ita).	

Ejercicio 3   You are in a butcher shop. You want to buy 500 grams of ham **(quinientos gramos de jamón).** Answer the following questions based on the situation.

1. ¿A quién le toca?
2. ¿Qué quiere Ud.?
3. ¿Cuánto quiere Ud.?
4. ¿Algo más?
5. ¿Dónde paga Ud.?

SITUACIONES

Actividad 1

You are in a pastry shop in Montevideo, Uruguay. You are admiring some chocolate pastries **(pasteles de chocolate).**
1. Point to the chocolate pastries and tell the clerk you want some.
2. She asks you how many you want. Tell her.
3. She asks you if you want something else. Tell her no.
4. Ask her how much the pastries are.
5. Ask her if you pay at the cashier.

Actividad 2

You are in a butcher shop in the northern Spain resort town of San Sebastián. You want to buy 500 grams of ham **(quinientos gramos de jamón).**
  1. The clerk asks you what you want. Tell him.
  2. He asks if you want something else. Tell him no, that's all you want.
  3. Ask him how much it is.

HOJAS DE LA VIDA

Actividad 1

Here are some expressions about healthful foods, a topic of great interest to many people these days. You should have no difficulty understanding them.

> **Rico en vitaminas y minerales.**
> **Se recomienda la fibra.**
> **Una fuente de proteínas.**
> **Aceite poliinsaturado.**
> **No contiene aditivos.**
> **Bajo en calorías.**
> **No tiene efecto sobre el colesterol.**

How do you say the following in Spanish?

  1. vitamins
  2. calories
  3. polyunsaturated
  4. cholesterol
  5. minerals
  6. proteins
  7. fiber
  8. additives

Foods (Los comestibles)

Vegetables (Los vegetales, las legumbres)
artichoke   la alcachofa, la cotufa
asparagus   los espárragos
beans   las judías, los frijoles, las habichuelas, los porotos
beans (green)   las judías verdes, los ejotes, las vainitas, las chauchas, los porotos verdes, las verduras
beet   la remolacha, el betabel, la beteraba, la betarraga
broad beans   las habas
broccoli   el brocolí
brussels sprouts   la col de Bruselas, los bretones
cabbage, red   la col morada
caper   la alcaparra
carrot   la zanahoria
cassaba   la zuca
cauliflower   la coliflor
celery   el apio
chard   la acelga
chick peas   los garbanzos
chicory   la achicoria
corn   el maíz, el elote, el choclo
cucumber   el pepino
eggplant   la berenjena
endive   la escarola, la endibia
garlic   el ajo
leek   el puerro
lentils   las lentejas
lettuce   la lechuga
lima beans   las habas de lima, las habaitas pallares
mushroom   la seta, el champiñón, el hongo
onion   la cebolla
parsnip   la chirivía
peas   los guisantes, los chícharos, las alberjas
peppers   los pimientos, los morrones, los poblanos, los ajíes, los chiles
potato   la papa, la patata
pumpkin   la calabaza, el zapallo

radish   el rábano
rice   el arroz
spinach   las espinacas
squash   el calabacín, el zapallo
sweet potato   la batata, el camote
turnip   el nabo
watercress   los berros
zucchini   el calabacín

Fruits (Las frutas)
apple   la manzana
apricot   el albaricoque, el damasco
avocado   el aguacate, la palta
banana   el plátano, la banana, el guineo
blackberry   la mora
cherry   la cereza, la guinda
coconut   el coco
currant   la grosella
date   el dátil
fig   el higo
grape   la uva
grapefruit   la toronja, el pomelo
guava   la guayaba
lemon   el limón
lime   la lima, el limón
melon   el melón
orange   la naranja, la china
papaya   la papaya
peach   el melocotón, el durazno
pear   la pera
pineapple   la piña
plum   la ciruela
pomegranate   la granada
prune   la ciruela pasa
raisins   las (uvas) pasas
raspberry   la frambuesa
strawberry   la fresa, la frutilla
tomato   el tomate, el jitomate
watermelon   la sandía
wild strawberry   la fresa silvestre

Meats (Las carnes)

bacon   el tocino
beef   la carne de res, el bife
blood pudding   la morcilla
brains   los sesos
cold cuts   los fiambres
filet mignon   el lomo fino
goat   el cabrito, el chivo
ham   el jamón
hard sausage   el chorizo
heart   el corazón
kidneys   los riñones
lamb   el cordero, el borrego
liver   el hígado
meatballs   las albóndigas
oxtail   el rabo de buey, la cola de res
pork   el cerdo, el puerco, el chancho
sausage   la salchicha
suckling pig   el lechón, el cochinillo
sweetbreads   las mollejas
tongue   la lengua
tripe   la tripa, el mondongo, los callos,
     las pancitas, el menudo
veal   la ternera

Fish and shellfish (Pescados y mariscos)

anchovies   las anchoas, los boquerones
barnacles   los percebes
bass   el robalo, la lubina
clams   las almejas, las conchas
cod   el bacalao
crab   el cangrejo;   land crab   la jaiba,
     el juey
crayfish   la cigala
eel   la anguila
flounder   el lenguado, el rodaballo,
     la platija
frogs' legs   las ancas de rana
grouper   el mero
hake   la merluza
herring   el arenque
lobster   la langosta
mackerel   la sierra
mussel   el mejillón, la cholga

octopus   el pulpo
oyster   la ostra, el ostión
plaice   la platija
prawns   los camarones, los langostinos,
     las gambas
red snapper   el guachinango, el pargo,
     el huachinango, el chillo
salmon   el salmón
sardine   la sardina
sea bass   el mero, la lubina, el robalo
sea urchin   el erizo
shrimp   el camarón, la gamba, el langostino
snail   el caracol
sole   el lenguado
squid   el calamar, el chipirón
swordfish   la pez espada
trout   la trucha
tuna   el atún
turbot   el rodaballo
weakfish   la corbina
whiting   el romero

Fowl and game (Aves y caza)

capon   el capón
chicken   el pollo
duck   el pato
goose   el ganso
partridge   la perdiz
pheasant   el faisán
pigeon   el pichón
quail   la codorniz
squab   el pichón
turkey   el pavo, el guajolote

Condiments, sauces, and spices
(Condimentos, salsas y especias)

annatto   el achiote
anise   el anís
basil   la albahaca
bay leaf   el laurel
capers   las alcaparras
cinnamon   la canela
coriander   el cilantro, el culantro
dill   el eneldo

garlic   el ajo
ginger   el jengibre
ketchup   la salsa de tomate, el catsup
marjoram   la mejorana
mayonnaise   la mayonesa, la mahonesa
mint   la menta
mustard   la mostaza
nutmeg   la nuez moscada
oregano   el orégano
paprika   el pimentón dulce
parsley   el perejil
pepper   la pimienta;   red hot pepper
      el ají, la guindilla, el chile
rosemary   el romero
saffron   el azafrán
salt   la sal
sesame   el ajonjolí
tarragon   el estragón
thyme   el tomillo
vanilla   la vainilla

Eggs (Los huevos)
fried eggs   los huevos fritos
hard-boiled eggs   los huevos duros
poached eggs   los huevos escalfados
scrambled eggs   los huevos revueltos
soft-boiled aggs   los huevos pasados por
      agua, los huevos tibios

Sweets (Los dulces)
cake   el pastel, la torta, la tarta, el queque
candy   el caramelo, el dulce, la confitura,
      el bombón
caramel custard   el flan
doughnut   el churro, la dona
gelatin   la gelatina
honey   la miel
ice cream   el helado
jam   la mermelada
sponge cake   el bizcocho, el bizcochuelo
syrup   el jarabe, el sirope, el almíbar
tart   la tarta

Beverages (Las bebidas)
aperitif   el aperitivo
beer   la cerveza;   tap beer   la cerveza de
      barril, la cerveza de presión
cider   la sidra
coffee   el café;   black coffee   el café solo
      coffee with milk   el café con leche;
      expresso   el café exprés
juice   el jugo, el zumo
lemonade   la limonada
milk   la leche
milk shake   el batido
mineral water   el agua mineral;   carbonated
      con gas;   noncarbonated   sin gas
soda   la soda, la gaseosa, la cola
tea   el té   iced tea   el té helado
wine   el vino;   red wine   el vino tinto;
      white wine   el vino blanco

Miscellaneous
baking powder   el polvo de hornear
biscuit   la galleta
bread   el pan
butter   la mantequilla
cheese   el queso
cornstarch   la maicena
cream   la crema, la nata
egg yolk   la yema de huevo
gravy   la salsa
juice   el jugo, el zumo
lard   la manteca
noodles   los fideos
nuts   las nueces (s. la nuez)
oil   el aceite
olive   la aceituna
olive oil   el aceite de oliva
peanut   el cacahuate, el cacahuete, el maní
roll   el panecillo, el bollo, el bolillo
sandwich   el bocadillo, el sándwich
spaghetti   los espaguetis, los tallarines
sugar   el azúcar
vinegar   el vinagre

Capítulo 22

El restaurante

Vocabulario

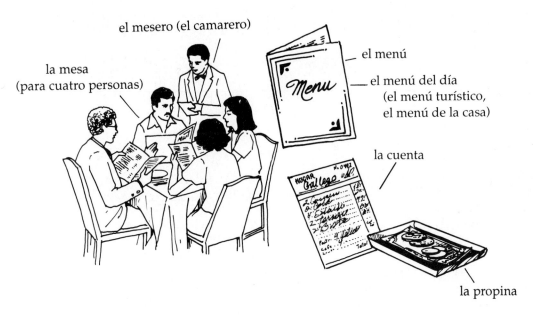

el mesero (el camarero)

la mesa
(para cuatro personas)

el menú

el menú del día
(el menú turístico,
el menú de la casa)

la cuenta

la propina

la tarjeta de crédito

Ejercicio 1 Answer the following questions based on the illustrations.

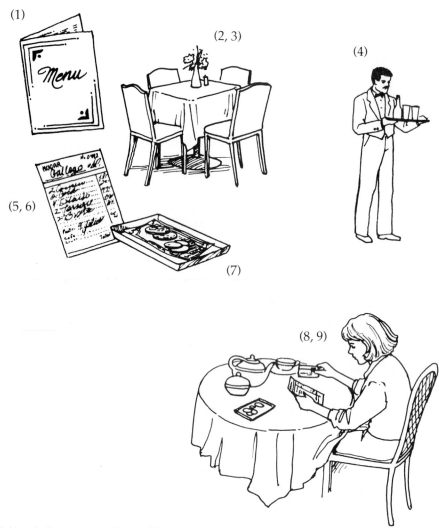

1. ¿Qué es? ¿La mesa o el menú?
2. ¿Qué es? ¿La cuenta o la mesa?
3. ¿Para cuántos es la mesa? ¿Para cuatro o para seis?
4. ¿Quién es? ¿El mesero o la cliente?
5. ¿Qué es? ¿La cuenta o la propina?
6. ¿Quién trae la cuenta a la mesa? ¿La cliente o el mesero?
7. ¿Qué es? ¿La propina o el menú?
8. ¿Quién deja la propina? ¿La cliente o el mesero?
9. ¿Quién paga la cuenta? ¿La cliente o el mesero?

Comunicaciones

Reservando una mesa por teléfono

MAITRE	Buenas tardes. «Casa Paco».
UD.	Buenas tardes. ¿Acepta Ud. reservaciones?
MAITRE	Sí, señor. ¿Para cuándo?
UD.	Esta noche.
MAITRE	¿Para cuántas personas?
UD.	Cuatro.
MAITRE	¿Y para qué hora quiere Ud. la reservación?
UD.	Las nueve y media.
MAITRE	¿A nombre de quién, por favor?
UD.	(Give your name.)
MAITRE	*Conforme,* señor. Una mesa para cuatro personas *Okay*
	para esta noche a las nueve y media a nombre
	de *(your name).*

Ejercicio 2   You are on the phone making a dinner reservation. Answer the following.

1. ¿Para cuándo quiere Ud. la reservación?
2. ¿Para cuántas personas?
3. ¿Para qué hora?
4. ¿A nombre de quién?

Llegando al restaurante

MAITRE	Muy buenas noches, señores.
CLIENTE	Buenas noches. Una mesa para cuatro.
MAITRE	Ud. tiene una reservación, ¿no?
CLIENTE	Sí, claro. A nombre de Nielsen.
MAITRE	Ah, sí. Aquí está. Pasen Uds.

Ejercicio 3   Answer the questions based on the preceding conversation.

1. ¿Dónde están los clientes?
2. ¿Con quién habla el señor Nielsen?
3. ¿Tienen una reservación?
4. ¿Para cuántas personas es la reservación?
5. ¿A nombre de quién tienen la reservación?

Hablando con el mesero

UD.	El menú, por favor.	
MESERO	¡*Cómo no*, señora! *En seguida*.	*Of course/*
UD.	*(Accepting the menu)* Gracias.	*At once*
MESERO	Esta noche le recomiendo el menú del día.	
	Ud. puede seleccionar tres platos a un	
	precio fijo de 750 pesos. Vuelvo en seguida.	*fixed price*
UD.	Muy bien.	
	(Vuelve el mesero.)	
MESERO	¿Qué desea Ud.? (¿Qué le apetece?)	
UD.	El menú del día, por favor.	
MESERO	De acuerdo.	
	(Después de comer)	
UD.	La cuenta, por favor.	
MESERO	En seguida, señora.	
UD.	¿Está incluído el servicio?	
MESERO	Sí, señora.	
UD.	¿Aceptan Uds. tarjetas de crédito?	
MESERO	Sí, señora. La *casa* acepta _____ y _____.	*establishment*

Ejercicio 4   Complete the sentences based on the preceding conversation.

1. El mesero me trae _____.
2. El mesero recomienda _____.
3. El menú del día tiene _____.
4. Yo pido *(order)* _____.
5. Después de comer yo pido *(ask for)* _____.
6. El servicio _____.
7. Pero yo dejo _____.
8. En el restaurante aceptan _____.
9. Yo pago la cuenta con _____.

SITUACIONES

Actividad 1

You are vacationing in Mexico City. You and three friends want to go to one of the good restaurants in the Zona Rosa. Call to make a reservation.

1. The maitre answers the phone. Ask him if they take (accept) reservations.
2. Ask him for a reservation for four people.
3. The maitre wants to know for what time you want the reservation. Tell him.
4. He asks you in whose name you want the reservation. Tell him.

Actividad 2

You are having dinner in a small restaurant near the Ramblas in Barcelona, Spain.

1. Ask the waiter for the menu.
2. You notice on the menu that there is a **menú turístico.** You want to know how many dishes (courses) are included on the **menú turístico.** Ask the waiter.
3. Since you do not want to spend a lot of money, order the **menú turístico.**
4. You have finished your dinner. Ask the waiter for the check.
5. He brings you the check. You are not sure if the service is included. Ask him.
6. You want to pay with a credit card. Ask the waiter if they take (accept) credit cards.

HOJAS DE LA VIDA

Actividad 1

Familiarize yourself with the following categories that you will find on a menu of a typical restaurant in a Spanish-speaking country.

Refer to the menu to answer the following questions.

1. You would like an appetizer or hors d'oeuvre. Under which heading would you find it?
2. To finish the meal, you want a dessert. Under which heading would you find it?
3. You want some vegetables with your main course. Under which heading would you find them?
4. You are in the mood for duck. Under which heading would you find it?
5. You want a nice steak. Under which heading would you find it?
6. You want to splurge and get a lobster. Under which heading would you find it?

Capítulo 23

El médico

Vocabulario

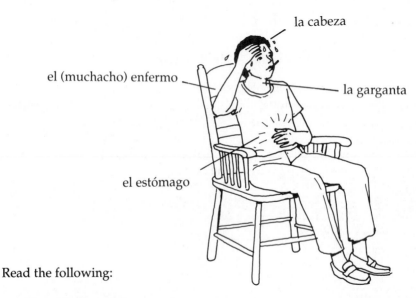

la cabeza

el (muchacho) enfermo

la garganta

el estómago

Read the following:

El muchacho se siente mal.
No se siente bien.
Está enfermo.
Tiene dolor de cabeza.
Tiene dolor de estómago.
Está *débil*.   *weak*
Tiene la temperatura alta. Tiene *fiebre*.   *fever*

Ejercicio 1   Answer with one or more words.

1. ¿Se siente bien o mal el muchacho?
2. ¿Está enfermo?
3. ¿Dónde tiene dolor?
4. ¿Está débil?
5. ¿Tiene fiebre?

Ejercicio 2   Complete the following statements.

1. El muchacho está _____.
2. El muchacho no se siente _____.
3. El tiene dolor de _____.
4. También tiene dolor de _____.
5. Tiene la temperatura alta. El tiene _____.
6. El no está muy fuerte. Está _____.

Comunicación

En la consulta del médico

ENFERMERA	Buenos días. ¿Tiene Ud. *cita?*	*appointment*
PACIENTE	Sí, con la doctora Gaona.	
ENFERMERA	¿Cómo se siente Ud.?	
PACIENTE	Muy mal. Tengo dolor de estómago.	
ENFERMERA	¿Hace mucho tiempo que tiene dolor?	
PACIENTE	Sí. Más de tres días.	
ENFERMERA	Necesito alguna información. ¿ Su dirección, por favor?	
PACIENTE	Avenida Poniente 28, segundo piso.	
ENFERMERA	¿Teléfono?	
PACIENTE	2 23 44 60.	
ENFERMERA	¿Su edad, por favor?	
PACIENTE	Veintitrés.	
ENFERMERA	Gracias. Ahora Ud. puede ver a la doctora.	

Ejercicio 3   Answer the questions based on the preceding conversation.

1. ¿Con quién tiene cita el paciente?
2. ¿Se siente bien o mal?
3. ¿Cuál es el problema?
4. ¿Por cuánto tiempo está enfermo?
5. ¿Qué necesita la enfermera?
6. ¿Dónde vive el paciente?
7. ¿Cuántos años tiene?
8. ¿Qué puede hacer ahora el paciente?

Vocabulario

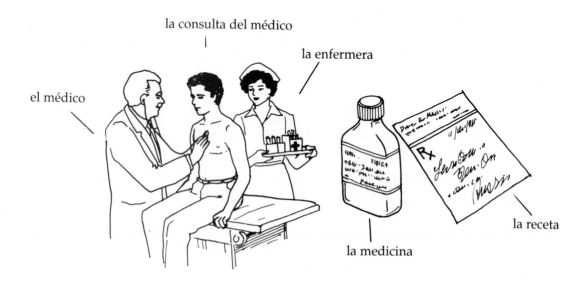

la consulta del médico

la enfermera

el médico

la medicina

la receta

Read the following:

El joven tiene *catarro (resfriado).*   *a cold*
Está resfriado.
Estornuda mucho.   *He sneezes*
Tiene *tos.*   *a cough*
Tiene mucha congestión.

Ejercicio 4   Answer the following questions.

1. ¿Dónde está el enfermo?
2. ¿Quién examina al enfermo?
3. ¿Tiene catarro el enfermo?
4. ¿Está congestionado?
5. ¿Tiene tos?
6. ¿Qué necesita el enfermo?
7. ¿Qué le da al enfermo el médico?
8. ¿El médico le receta antibióticos?

Comunicación

En la consulta del médico

DOCTORA   Ud. tiene un poco de fiebre. ¿Tiene apetito?
PACIENTE   No. No quiero comer nada.
DOCTORA   ¿Tiene diarrea también?
PACIENTE   Sí, y me siento muy débil.
DOCTORA   Dos cosas. Una dieta especial y una **receta**. La
           medicina es para controlar la diarrea.
PACIENTE   ¿Algo más, doctora?
DOCTORA   Pues, sí. Nada de café. La cafeína irrita el estómago.

Ejercicio 5   Complete the sentences based on the preceding conversation.

1. El paciente tiene dolor de estómago y _____.
2. Y él no quiere comer porque no tiene _____.
3. Está enfermo, no come y se siente _____.
4. La doctora le da una _____ para medicina.
5. También le da una _____ especial.
6. La medicina es para _____ la diarrea.
7. La doctora le dice que no debe tomar _____.
8. El café le _____ el estómago.

Ejercicio 6   Correct the false statements.

1. El paciente tiene mucha fiebre.
2. El se siente bien.
3. El tiene apetito.
4. La doctora le da una receta para comida.
5. La doctora dice que la cafeína controla el estómago.

SITUACIONES

Actividad 1

You need a physical exam before enrolling at the University of San Marcos in Lima, Perú.
You are in the office of Dr. Leonor Maura. You are speaking with the receptionist.

1. She asks you your full name. Tell her.
2. She needs to know your address in the United States. Tell her.
3. She needs to know your telephone number. Tell her.
4. She asks you your age. Tell her.

Actividad 2

You are traveling through Spain and suddenly you are not feeling very well. You go to the doctor.
1. You have a headache and a stomach ache. You also feel weak. Explain your symptoms to him.
2. The doctor asks if there is anything else wrong. Tell him you also have diarrhea.

Actividad 3

You are traveling in the Dominican Republic and you feel a cold coming on. Go to the doctor and explain your symptoms to her.

HOJAS DE LA VIDA

Actividad 1

Look at the following form.

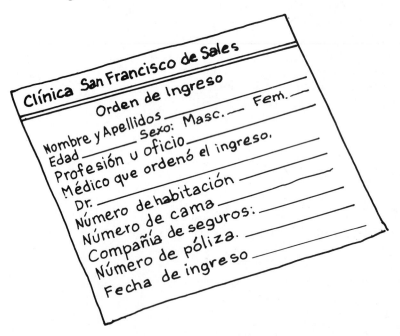

You have been asked to fill in the form for José Soto Maldonado. He is a taxi cab driver. He is 48 years old. Dr. Rubén Morales sent him to the hospital where he is now in room 418, bed #2. He has a health insurance policy #3852441 with La Benéfica. He was admitted today.

Capítulo 24

El recreo cultural

Vocabulario

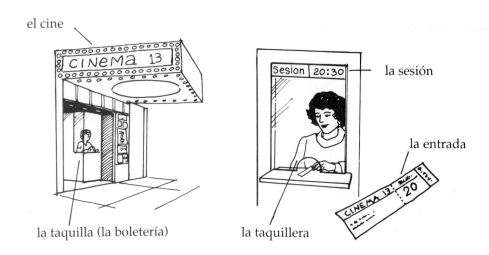

el cine

CINEMA 13

la taquilla (la boletería)

Sesion 20:30 — la sesión

la entrada

CINEMA 13

la taquillera

la película   el film, el filme

Ejercicio 1   Complete the following statements.

1. La muchacha va al _____.
2. Ella compra una _____.
3. Ella va a la _____ de las 20:30.
4. Ella quiere ver la _____ porque es muy buena.
5. _____ vende las entradas.

Ejercicio 2   Answer the following with one word.

1. ¿Adónde va la muchacha?
2. ¿Qué necesita para entrar?
3. ¿Qué va a ver ella?
4. ¿A qué sesión va?
5. ¿Quién vende las entradas?

Comunicación

El cine

ALONSO	Luisa, voy al cine esta tarde. ¿Quieres ir?
LUISA	¿Qué película dan hoy?
ALONSO	«Requiem por un campesino» en el Cine Palacio.
LUISA	No puedo ir muy tarde.
ALONSO	Pues vamos a la sesión de las 19:00.
LUISA	Vale. ¿Vas a comprar las entradas?
ALONSO	Ahora mismo.

Ejercicio 3 Complete the statements based on the preceding conversation.

1. Esta tarde Alonso va al _____.
2. El invita a _____.
3. Luisa no puede ir muy _____.
4. La película se llama _____.
5. Dan la película en el Cine _____.
6. Ellos van al cine a las _____.
7. Alonso va a comprar las _____.

Ejercicio 4 You are at the ticket window at the Cine Imperial. Answer the questions.

1. ¿Para qué día quiere entradas?
2. ¿Para qué sesión quiere Ud. entradas?
3. ¿Cuántas entradas quiere?

Ejercicio 5 Accept Anita's invitation to the movies.

ANITA	¿Qué haces esta tarde?
UD.	_____
ANITA	¿Quieres ir al cine?
UD.	_____
ANITA	¿A qué sesión quieres ir?
UD.	_____
ANITA	¿Te compro una entrada?
UD.	_____
ANITA	¿Quieres ver una comedia o un drama?
UD.	_____
ANITA	Bueno, nos vemos esta tarde.

Vocabulario

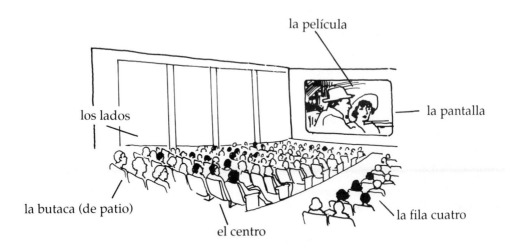

la película

la pantalla

los lados

la butaca (de patio)

el centro

la fila cuatro

Ejercicio 6 Choose the correct completions.

1. Tengo las entradas para (taquilla/butaca) de patio.
2. Son muy buenas, dos asientos en (el centro/la pantalla).
3. Los asientos están en la primera (fila/taquilla).
4. Se ve bien la película porque estamos cerca de (los lados/la pantalla).
5. No quedan más asientos en el centro, sólo en (los lados/la butaca).
6. Y (el taquillero/el centro) dice que para mañana no hay nada.
7. Para buenas entradas hay que ir a la (butaca/taquilla) temprano.

Comunicación

En la taquilla del cine

TAQUILLERO	¿Cuántas entradas, por favor?
CLIENTE	Dos. Butacas de patio.
TAQUILLERO	No tengo nada en el centro. Sólo a los lados.
CLIENTE	Bueno. Pero cerca de la pantalla, por favor.
TAQUILLERO	¿Segunda fila?
CLIENTE	Está bien. ¿Cuánto es?
TAQUILLERO	Ochenta pesos.

Ejercicio 7   Answer the questions with one or two words based on the preceding conversation.

1. ¿Qué vende el taquillero?
2. ¿Cuántas entradas compra el cliente?
3. ¿Qué clase de entradas son?
4. ¿Están las butacas en el centro?
5. ¿En qué fila están?
6. ¿Están cerca de qué?
7. ¿Cuál es el precio de las entradas?

Ejercicio 8   You are at the ticket window of the university theater. An exchange student from Guatemala asks you for information. Answer based on the following sign.

| TICKETS AVAILABLE TONIGHT |
| rows 12-22 right side |
| rows 23-35 center, left, and right |
| PRICES |
| rows 1-22 $4 |
| rows 23-35 $2 |

1. ¿Hay entradas para esta noche?
2. ¿Para qué filas en el centro hay entradas?
3. ¿Cuánto cuestan las entradas en la primera fila?
4. ¿Hay algo en la fila 15 para esta noche? ¿Dónde?
5. ¿Cuáles son las entradas más caras?

SITUACIONES

Actividad 1

You are speaking with Elena Romero.
1. You would like to know if she wants to go to the movies tonight. Ask her.
2. There is a good film showing at the Majestic. Tell her.
3. She wants to know what time the first session begins. Tell her.

Actividad 2

You are at the ticket window of the Cine Colón in Santo Domingo. You are speaking with the ticket seller.
1. Ask her for two tickets.
2. The ticket seller wants to know for which show. Tell her.
3. She wants to know where you would like to sit. Tell her.
4. Ask her the price.

HOJAS DE LA VIDA

Actividad 1

Look at the following advertisement.

Answer the questions based on the preceding advertisement.

1. ¿Para qué es el anuncio, el cine o el teatro?
2. ¿En cuántos cines ofrecen la película?
3. ¿Qué día de la semana comienza la película?
4. ¿Cómo se llama la película?
5. ¿Cuáles son las entradas más caras?
6. ¿Cómo se dice "big screen" en español?

Capítulo 25

Los pasatiempos

Vocabulario

el mar

bañarse (nadar)

la piscina (la alberca)

tomar el sol

la playa

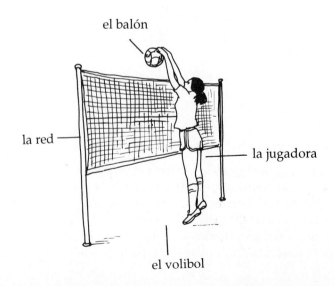

el balón

la red

la jugadora

el volibol

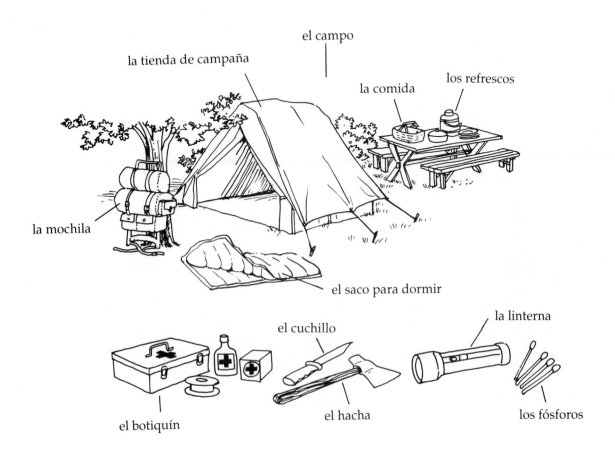

Read the following:

Mucha gente va de camping.
Mucha gente va a los parques para un picnic.
Si te gusta caminar, puedes *dar una caminata* de   *take a hike*
   muchos kilómetros.
Agua potable es agua que no está contaminada y
   que se puede beber.

Ejercicio 1   Choose the correct completions.

1. Ella va a la piscina para (bañarse/caminar).
2. Allí también puede tomar (el sol/la mochila).
3. Ella juega al (cuchillo/volibol) con sus amigos.
4. Para jugar necesitan un (fósforo/balón).
5. También es necesario una (comida/red).

Ejercicio 2   Complete.

1. Vamos de _____ porque nos gusta comer en el campo.
2. Yo llevo la comida, y para beber, mi amigo tiene los _____.
3. Y allí nos bañamos. No hay piscina, pero el _____ está cerca.
4. Me gusta caminar, y voy a dar una _____ larga.

Ejercicio 3   Choose the best completions.

1. Vamos de camping a la _____.
   a. piscina   b. montaña.   c. red
2. Yo llevo un _____ para dormir.
   a. balón   b. refresco   c. saco
3. Y para poder ver de noche tengo una _____.
   a. caminata   b. playa   c. linterna
4. En caso de emergencia tenemos un _____.
   a. botiquín   b. parque   c. fósforo
5. Y para cortar tenemos un hacha y un _____.
   a. cuchillo   b. campo   c. balón
6. Puedo llevar muchas cosas en mi _____.
   a. tienda de campaña   b. mochila   c. hacha

Comunicaciones

¿Qué hacemos?

ELLA   Hace mucho calor. ¡Vamos a la playa!
EL   No. Teresa tiene piscina. Vamos allí.
ELLA   Bueno. Quiero tomar el sol y bañarme.
EL   Prefiero el mar. Pero queda lejos.

Ejercicio 4   Answer with one or two words based on the preceding conversation.

1. ¿Adónde quiere ir la chica?
2. ¿Qué tiene Teresa?
3. ¿Adónde van el chico y la chica?
4. La chica quiere bañarse. ¿Y qué más?
5. ¿Qué prefiere el chico?
6. ¿Por qué no va allí?

Al campo

EL	Tengo comida y refrescos para el picnic.
ELLA	¡Qué bien!
EL	Podemos dar una caminata. Y después, comer.
ELLA	Si queremos jugar al volibol, tengo una red y un balón.

Ejercicio 5   Complete the sentences based on the preceding conversation.

1. El muchacho tiene la _____ para el picnic.
2. El también tiene los _____.
3. Ellos van al _____.
4. En el campo ellos pueden dar una _____.
5. Después de caminar pueden _____.
6. La chica tiene una red y un balón para jugar al _____.

Camping

ELLA	Un saco para dormir y la mochila. ¿Qué llevas tú?
EL	Lo mismo. La tienda de campaña ya está en el yip.
ELLA	Comida, agua potable, fósforos. ¿Tienes una linterna?
EL	Sí. Y el botiquín, un hacha y un cuchillo.
ELLA	¡A la montaña, pues!

Ejercicio 6   Answer with one or two words based on the preceding conversation.

1. ¿Qué lleva la chica para dormir?
2. ¿Quiénes llevan mochila?
3. ¿Qué hay en el yip?
4. ¿Qué tienen ellos para beber?
5. ¿Qué tienen para ver de noche?
6. Y para problemas médicos, ¿qué tienen?
7. ¿Adónde van ellos?

SITUACIONES

Actividad 1

The class is going on a trip. You are talking about the trip with a student from Ecuador.
1. She wants to know if you are going to the beach. Tell her.
2. She wants to know what you can do there. Tell her some of the things you plan to do.
3. She wants to know if there is a pool, too. There is, but it's far from the beach. Tell her.

Actividad 2

You are organizing a picnic and you are discussing it with your friends.
1. They ask if you will be going to the park for the picnic. Tell them.
2. They want to know who will be bringing food and drinks. Tell them.
3. Also, refreshments are sold in the park. Tell them.
4. You want to know if they will want to play volleyball. Ask them.
5. If they want to play, you can bring the net and ball. Tell them.

HOJAS DE LA VIDA

Actividad 1

Read the following camping advertisement.

Answer the questions based on the preceding advertisement.

1. How much is the most expensive first aid kit?
2. What is advertised as "first quality"?
3. How many water purifying filters do you get for $3.99?
4. What is the difference between the $11 and $7.99 flashlights?
5. What is the most expensive ball advertised?
6. How much does a sleeping bag cost?

Figure it out, or guess! How do you say the following?

1. stainless steel
2. waterproof
3. basketball
4. quality
5. batteries
6. hunting knife
7. folding chairs
8. aluminum

Capítulo 26

El tiempo

Vocabulario

Hace mucho frío.
Hace viento.
Está a 5 grados bajo cero.

Hace calor.
Hace (Hay) sol.
Está a 30 grados centígrados.

el invierno   la primavera   el verano   el otoño

Read the following:

¿Qué tiempo hace? Hace fresco.
¿A cuántos grados está? Está a 58 grados farenheit.

farenheit   centígrado

Ejercicio 1   Answer with one word based on the cues.

1. ¿Hace frío o hace calor? *90 F./33°C.*
2. ¿Hace fresco o hace calor?   *50°F./10°C.*
3. ¿Hace fresco o hace frío?   *0°F./32°C.*

Ejercicio 2   Answer.

1. ¿Qué tiempo hace hoy?
2. ¿Qué tiempo va a hacer mañana?

Ejercicio 3   Answer.

1. ¿Hace frío o calor en el invierno?
2. ¿Hace frío o calor en el verano?
3. ¿Hace fresco en el verano o en el otoño?
4. ¿Hace mucho viento en el verano o en la primavera?

Comunicaciones

HOMBRE	¡Qué viento!
MUJER	Sí, es fuerte.
HOMBRE	Pero hace sol.
MUJER	Hoy, sí. Pero para mañana, mal tiempo, *lluvia*. *rain*
HOMBRE	¿Con frío o calor?
MUJER	Fresco, unos 15 grados. Tiempo de primavera.

Ejercicio 4   Complete the sentences based on the preceding conversation.

1. El _____ es muy fuerte hoy.
2. Pero hace _____ hoy.
3. Mañana va a hacer _____ tiempo.
4. Mañana van a tener _____.
5. No va a hacer frío. Va a hacer _____.

MUJER	Hoy hace muy buen tiempo, ¿no?
HOMBRE	Sí. La temperatura es agradable.
MUJER	Es un día muy bonito.

Ejercicio 5   Answer the following with one word.

1. ¿Qué tiempo hace?
2. ¿Cómo es la temperatura?
3. ¿Cómo es el día?

SITUACIONES

Actividad 1

You are a flight attendant and are about to arrive at the Aeropuerto Luis Muñoz Marín in San Juan. A passenger asks you what the weather is like today. Tell her.

HOJAS DE LA VIDA

Actividad 1

Read the following weather report from a San Juan paper.

El Tiempo

AYER: Máxima 92
Mínima 80
HOY: Máxima 90
Mínima 75

Pronóstico del tiempo para hoy

■ **MARITIMO**   Vientos del sur-sureste de diez a 15 nudos más leves de noche. Oleaje de dos pies. Marejadas del este de tres a cinco pies.

■ **SAN JUAN** Parcialmente nublado con 30 por ciento probabilidad de aguaceros en la tarde. Temperatura alta de 90 grados.

Answer the questions based on the preceding weather report.

1. What was the low temperature for yesterday?
2. What was the high?
3. What were the high and low temperatures for today?
4. What does the maritime report say concerning winds?
5. What are the chances of showers today?

Capítulo 27

La descripción

Vocabulario

alta
delgada
ojos castaños
pelo negro
bonita

bajo
gordo (grueso)
ojos azules
pelo rubio
guapo

Read the following:

Es joven. Tiene ocho años.
Es viejo. Tiene noventa años.

Los colores
   Ojos: azules/castaños/verdes/negros
   Pelo: castaño/negro/rubio/rojo
         largo *(long)*, corto *(short)*

NOTE In most areas of the Spanish-speaking world, the word **moreno** is used to refer to both hair color and skin tone. In parts of the Caribbean, however, **moreno** is used to refer to people of African origin.

Ejercicio 1   Answer with one word based on the preceding illustrations.

1. ¿Tiene ojos azules o castaños la muchacha?   *Tengo ojos castaños*
2. ¿Quién tiene el pelo negro?
3. ¿Es alto o bajo el muchacho?
4. ¿Quién es alta?
5. ¿Quién es gordo?
6. ¿Quién es rubio?
7. ¿El muchacho es muy grueso o un poco grueso?

Ejercicio 2   Answer these personal questions.

1. ¿Eres alto(-a) o bajo(-a)?
2. ¿De qué color es tu pelo?
3. ¿Eres delgado(-a)?
4. ¿Tienes los ojos azules?

Ejercicio 3   Complete the following by describing a good friend (male).

1. Mi amigo se llama _____.
2. El es (alto/bajo).
3. El tiene los ojos_____.
4. El tiene el pelo _____.
5. El es (gordo/delgado).

Comunicaciones

En la clase

LA ESTUDIANTE   ¿Cómo es la profesora de español?
EL ESTUDIANTE   Pues, es alta, muy alta. Es rubia. Tiene el pelo largo y
                los ojos castaños.
LA ESTUDIANTE   Ah, sí. Es delgada también, ¿no?
EL ESTUDIANTE   Exactamente. Y joven. Tiene 27 o 28 años.

Ejercicio 4   Answer with one word based on the preceding conversation.

1. ¿Es vieja la profesora de español?
2. ¿De qué color son sus ojos?
3. ¿Ella es baja?
4. ¿Es delgada o gorda la profesora?
5. ¿Tiene ella el pelo castaño?
6. ¿Cuántos años tiene ella?

Ejercicio 5   Based on the preceding conversation, indicate whether the following statements are true or false.

1. La profesora tiene los ojos castaños.
2. Ella es alta.
3. La profesora tiene el pelo largo.
4. La profesora es vieja.

Ejercicio 6   Answer the following questions about your Spanish professor.

1. ¿Tu profesor(a) es hombre o mujer?
2. ¿Cuántos años tiene?
3. ¿Es alto(-a) o bajo(-a)?
4. ¿De qué color son sus ojos?
5. ¿Tiene el pelo largo o corto?
6. ¿De qué color es el pelo?
7. ¿Es delgado(-a)?
8. ¿Cómo se llama?

Después de las clases

ELENA	¿Cómo se llama el muchacho alto de pelo negro?
TERESA	¿De pelo negro, corto? Joaquín. Es guapo, ¿no?
ELENA	Sí. Esos ojos verdes que tiene. Los encuentro preciosos.
TERESA	Pero es un poco gordo, ¿no te parece?
ELENA	Pues, un poquito grueso, sí. Pero *quisiera* conocerlo. *I would like*

Ejercicio 7   Answer the questions based on the preceding conversation.

1. ¿Quién es el muchacho?
2. ¿De qué color es el pelo del muchacho?
3. ¿Es bajo el muchacho?
4. ¿Es guapo el muchacho?
5. ¿Cómo son los ojos de Joaquín?
6. ¿Es viejo Joaquín?

SITUACIONES

Actividad 1

A visiting student from Venezuela does not know your Spanish professor. Describe your professor to the student.

Actividad 2

You are going to Argentina on an exchange program. Your host family will meet you at the airport. They have never seen you. Describe yourself to them on the phone.

HOJAS DE LA VIDA

Actividad 1

Read the following form.

Nombres *Anastasio Luis*	Apellidos *Obregón Calso*
Edad *22 años*	Peso *98 kilos*
Color de ojos *azules*	Color de pelo *Castaño*
Altura *1 metro 98 centímetros*	

Answer the following questions based on the completed form.

1. ¿Cómo se llama la persona?
2. ¿Es hombre o mujer?
3. ¿Cuántos años tiene?
4. ¿Es alto?
5. ¿Es grueso?

Figure it out, or guess!

1. What is the person's family name?
2. What is his or her hair color?
3. What is the color of the person's eyes?
4. Does this person weigh more or less than 200 lbs.?
5. Is this person over or under 6 feet tall?

Capítulo 28
La familia

Vocabulario

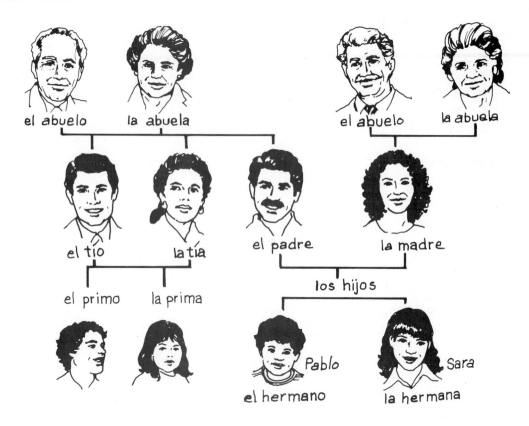

El señor y la señora Fuentes son **los padres** de Pablo y Sara. Los hijos de los señores Fuentes **se llaman** Pablo y Sara.

El señor Fuentes es **el esposo (el marido)** de la señora Fuentes y la señora Fuentes es **la esposa (la mujer)** del señor Fuentes.

Los padres del señor Fuentes y los padres de la señora Fuentes son los abuelos de Pablo y Sara. Pablo y Sara son **los nietos** de sus abuelos.

Los hermanos de los padres de Pablo y Sara son **sus tíos.** Sara y Pablo son **los sobrinos** de sus tíos.

Ejercicio 1 Complete the following statements.

1. Pablo es el _____ de Sara.
2. Los señores Fuentes tienen dos _____.
3. La madre de Sara y Pablo es la _____ del señor Fuentes.
4. Los hijos de los tíos de Pablo y Sara son los _____ de Pablo y Sara.
5. La familia _____ la familia Fuentes.

Ejercicio 2 Choose the correct completions.

1. Jack Kennedy era el (padre/esposo) de Jacqueline Kennedy.
2. Y, así, Jacqueline era la (hermana/mujer) de Jack.
3. Los dos (hermanos/esposos) entonces son Jack y Jacqueline.
4. Los dos (padres/hijos) de Jack y Jacqueline se llaman John y Caroline.
5. El senador Ted Kennedy es un (hermano/hijo) de Jack.
6. Rose Kennedy es la (abuela/tía) de Caroline y John.

Comunicación

Te presento a mi familia

ELLA	Papá, quiero *presentarte* a mi amigo Conrado.	*to introduce you*
EL PADRE	Mucho gusto, Conrado. ¿Ya *conoce* Ud. a todos mis hijos?	*know*
CONRADO	Sólo a Sara y a su hijo Bernardo.	
EL PADRE	Le presento a mi otra hija, Antonia. Y a mi esposa, Ana María.	
CONRADO	Mucho gusto, señora; encantado, Antonia.	
LA MADRE	Mucho gusto. ¿Ud. ya conoce a mi marido?	
CONRADO	Sara *acaba de* presentarnos.	*has just*

Ejercicio 3 Complete the sentences based on the preceding conversation.

1. El amigo de la chica se llama _____.
2. El muchacho conoce al _____ de la chica.
3. El no conoce a la _____.
4. Ella va a _____ al muchacho a sus padres.
5. Bernardo es el _____ de la chica.
6. Antonia es la _____ de la chica.

Ejercicio 4   Answer with one or two words based on the preceding conversation.

1. ¿La muchacha le presenta al muchacho a quién?
2. ¿A quiénes ya conoce el muchacho?
3. ¿Cómo se llama la otra hija del señor?
4. ¿Quién es Ana María?

Ejercicio 5   Choose the correct completions.

1. Doña Ana María y su esposo tienen _____ hijos.
   a. dos   b. tres   c. cuatro
2. Bernardo tiene _____ hermanas.
   a. dos   b. tres   c. cuatro
3. Ana María y el padre de Sara son _____.
   a. hermanos   b. esposos   c. amigos
4. La madre de Bernardo se llama _____.
   a. Antonia   b. Ana María   c. Sara
5. Hay _____ personas en la familia de Sara.
   a. cuatro   b. cinco   c. seis

Ejercicio 6   Answer the following personal questions.

1. ¿Cómo se llaman tus padres?
2. ¿Cuántos hermanos tienes?
3. ¿Cómo se llaman tus hermanos?

SITUACIONES

Actividad 1

You are speaking with a new acquaintance in Spain.
1. She wants to know if you have a large family. Tell her about your immediate family.
2. She wants to know what their names are. Tell her.
3. She wants to know how many aunts, uncles, and cousins you have. Tell her.

Actividad 2

You are traveling through South America. At a border crossing, the guard asks you some questions.
1. He wants to know your parents' names. Tell him.
2. He asks how many brothers and sisters you have. Tell him.
3. He asks if you have a spouse. Tell him.
4. He asks if you have any children. Tell him.

HOJAS DE LA VIDA

Actividad 1

Read the following form. Then fill it out for yourself.

APELLIDOS Holan

NOMBRE Martina　　　EDAD 20　tengo veinte años

NOMBRE Y APELLIDOS DEL PADRE

NOMBRE Y APELLIDOS DE LA MADRE

NUMERO DE HERMANOS _____　NOMBRES DE LOS HERMANOS

NOMBRE Y APELLIDOS DE ESPOSO(-A)

NUMERO DE HIJOS _____　NOMBRES DE LOS HIJOS

Capítulo 29

La vivienda

Vocabulario

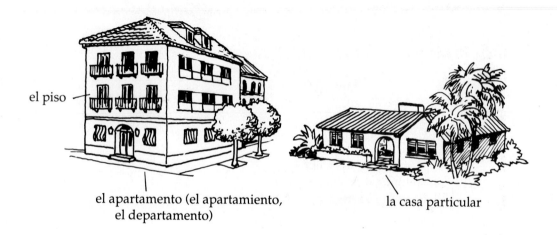

el piso

el apartamento (el apartamiento, el departamento)

la casa particular

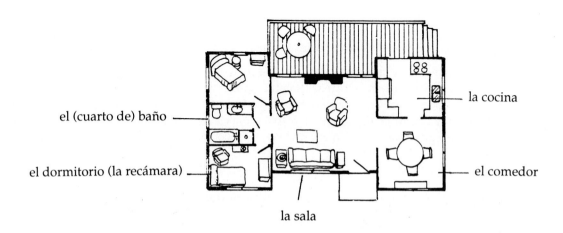

el (cuarto de) baño

la cocina

el dormitorio (la recámara)

el comedor

la sala

NOTE **El piso** literally means "the floor." However, in Spain it can also mean "the apartment."

Los niños juegan en el patio.
El automóvil está en el garaje.
La casa tiene seis cuartos (habitaciones).

alquilar   rentar, no comprar

Ejercicio 1   Choose the correct completions.

1. No vivo en una casa particular; vivo en un (comedor/apartamento).
2. Es grande; tiene ocho (cocinas/habitaciones).
3. Mis padres viven en (una casa particular/un cuarto) de dos pisos.
4. Mi amigo (alquila/cocina) un cuarto en una casa particular.
5. Mis amigos tienen un piso enorme con seis (cocinas/dormitorios).

Ejercicio 2   Answer the following personal questions.

1. ¿Vives en una casa particular o en un apartamento?
2. ¿Cuántos dormitorios tiene?
3. Donde tú vives, ¿cuánto cuesta alquilar un apartamento?
4. ¿Dónde viven los estudiantes, en apartamentos o en la universidad?

Comunicaciones

¿Dónde vives?

ELLA   ¿Vives en un apartamento?
EL   No. Tengo un cuarto en una casa particular.
ELLA   Siete de nosotras alquilamos un piso. Es grande.
EL   ¿Cuántos dormitorios tiene?
ELLA   Cuatro. Y un comedor, una sala y dos cuartos de baño.
EL   ¿No tiene cocina?
ELLA   Claro que sí. Pero nunca cocinamos.

Ejercicio 3   Answer with one or two words based on the preceding conversation.

1. ¿Alquila el muchacho un cuarto o un apartamento?
2. ¿Vive él en un piso o en una casa particular?
3. ¿Vive la chica en una casa particular o en un piso?
4. ¿Cuántas personas viven allí?
5. ¿Es grande o pequeño el piso?
6. ¿Cuántos dormitorios tiene el piso?
7. ¿Cuántos baños tiene?
8. ¿Cocinan mucho las chicas?

Una casa ideal

EL   Es una casa de dos pisos.
ELLA   ¿Cuántos cuartos tiene?
EL   Ocho, más la cocina y el baño.
ELLA   Tiene patio, ¿verdad?
EL   Sí, señora. Y un garaje para dos coches.

Ejercicio 4   Answer the questions based on the preceding conversation.

1. With whom is the lady probably speaking?
2. What is the total number of rooms in the house?
3. How many floors does the house have?
4. Describe the house in detail.

Ejercicio 5   Answer the following questions about your house.

1. ¿Es grande o pequeña tu casa?
2. ¿Cuántos pisos tiene la casa?
3. ¿Tiene garaje tu casa?
4. ¿Para cuántos coches es el garaje?
5. ¿Tiene patio tu casa?
6. ¿Cuántos cuartos tiene tu casa?

Ejercicio 6   Complete the following statements.

1. Yo preparo la comida en la _____.
2. La familia come en el _____.
3. La familia mira la televisión en la _____.
4. Yo duermo en mi _____.
5. Yo me lavo en el _____.

SITUACIONES

Actividad 1

You are renting an apartment for your year of graduate study at the University of Puerto Rico. You are speaking with a realtor (**una agente de bienes raíces).**
1. She wants to know if you want an apartment or a house. Tell her.
2. She wants to know how many bedrooms you need. Tell her.
3. She asks if you want to rent or buy. Tell her.

Actividad 2

While at a real estate agent's office in the United States, some people from Uruguay ask for your help. They saw a photo of a house they like. Describe it to them from the fact sheet.

> **FOR SALE OR RENT**
> 3-story private house
> 4 bedrooms, 2 baths, modern
>   kitchen
> formal dining and living rooms
> 2-car garage

HOJAS DE LA VIDA

Actividad 1

Read the following article about low income housing taken from a newspaper in the Dominican Republic.

PRESIDENCIA DE LA REPUBLICA

EL SEÑOR PRESIDENTE DE LA REPUBLICA

DOCTOR JOAQUIN BALAGUER

INAUGURA HOY EN LA PROV. PEDERNALES PROYECTO HABITACIONAL "PEDERNALES" A UN COSTO TOTAL DE: RD$3,157,056.89

DESCRIPCION DEL PROYECTO:

1.- Construcción 75 viviendas:
—39 Viviendas tipo Villa Cafetalera, con sala-comedor, tres (3) dormitorios, terraza, cocina y baño, a un costo de

. . . . RD$1,007,617.24

—6 Edificios tipo "B", de 3 niveles y 6 apartamentos cada uno, para un total de 36 viviendas. Cada unidad consta de tres (3) dormitorios, sala-comedor, cocina, galería y baño, a un costo de 1,574,193.47

Answer the questions based on the preceding article.

1. What are the two types of housing?
2. Describe a **sala-comedor.**
3. Who is Joaquín Balaguer and what did he do?
4. Where is this project located?
5. Describe the apartment buildings.
6. What is the difference in accommodations between the houses and the apartments?

Figure it out, or guess! How do you say . . . ?

1. a unit
2. construction
3. housing project
4. total cost
5. inaugurate
6. a building
7. consists of

What does the RD preceding the dollar sign ($) mean?

Capítulo 30

La educación

Vocabulario

Las asignaturas (Los cursos)

Guess the meaning of the following.

las ciencias naturales
      biología, botánica, zoología, química, física
las ciencias sociales
      sociología, sicología, antropología, historia, geografía
las matemáticas
      aritmética, álgebra, geometría, trigonometría, cálculo
la universidad
      la escuela (la facultad) de: **derecho (leyes), filosofía y letras, medicina, ciencias**

Look at the following cognates:

el semestre	**matricularse (inscribirse)**
especializarse	**estudiar**

Read the following:

el horario   el plan de estudios que indica la hora de cada clase
los derechos de matrícula   el dinero que tiene que pagar el (la) estudiante para matricularse en la universidad
la apertura   el día que empiezan los cursos
la rectoría   la oficina administrativa de la universidad
el requisito   un curso obligatorio; el contrario es **facultativo**

Ejercicio 1   Choose the correct completions.

1. El (semestre/horario) comienza la semana que viene.
2. Voy a la oficina administrativa, a la (asignatura/rectoría).
3. Hay que ir allí para (estudiar/matricularse).
4. Y allí es donde pagamos los (cursos/derechos) de matrícula.

5. El lunes, día ocho, es la fecha de la (apertura/facultad).
6. Este semestre tengo que (inscribirme/estudiar) mucho.
7. Yo quiero (aprender/pagar) mucho.
8. No sé todavía el (curso/horario) para mis clases.
9. Pero sé que uno de los cursos es (una apertura/un requisito).
10. Pienso (aprender/especializarme) en historia.

Ejercicio 2 Select the school.

1. Quiero estudiar leyes.
2. Voy a ser un gran psiquiatra.
3. Y yo, profesor de literatura.
4. Un gran biólogo, yo.
5. Y yo voy a estar en la Corte Suprema.
6. Voy a estudiar anatomía.

Ejercicio 3 Select the appropriate category.

ciencia natural   ciencia social   matemática

1. Mi amigo estudia zoología.
2. Pero prefiere su curso de historia medieval.
3. Este semestre tengo antropología.
4. El semestre que viene voy a tomar trigonometría.
5. Pero mi asignatura favorita es sociología.

Comunicación

Matriculándose

SECRETARIA	¿Va a matricularse en filosofía y letras?
ESTUDIANTE	Sí, señora. ¿Cuántos cursos puedo tomar?
SECRETARIA	Hasta cuatro. Pero uno es un requisito.
ESTUDIANTE	¿Cuál?
SECRETARIA	Depende. ¿En qué piensa especializarse?
ESTUDIANTE	Quiero especializarme en historia.
SECRETARIA	El requisito es «Introducción al proceso histórico.»
	(Unos minutos más tarde)
	Aquí tiene el horario para sus cuatro cursos.
ESTUDIANTE	El día de apertura es el 8, ¿verdad?
SECRETARIA	Para esta facultad, sí.
ESTUDIANTE	¿Dónde pago los derechos de matrícula?
SECRETARIA	Aquí en la rectoría, en el primer piso.
ESTUDIANTE	Gracias.

Ejercicio 4   Answer with one or two words based on the preceding conversation.

1. ¿En qué facultad se matricula el estudiante?
2. ¿Cuántos cursos puede tomar?
3. ¿Cuántos cursos son requisitos?
4. ¿Cuál es la especialización del estudiante?
5. ¿Qué es el curso «Introducción al proceso histórico»?
6. ¿Cuándo es el día de apertura?
7. ¿Qué tiene que pagar el estudiante?
8. ¿Dónde tiene que pagar?

Ejercicio 5   Complete the sentences based on the preceding conversation.

1. El estudiante puede tomar cuatro _____.
2. El quiere _____ en historia.
3. La secretaria le da su _____.
4. Las clases en esta facultad comienzan el día _____.
5. El estudiante tiene que pagar _____.
6. Los paga en el primer piso de la _____.

Ejercicio 6   You are a student. Answer the registrar's questions with one or two words.

1. ¿En qué facultad quiere matricularse?
2. ¿En qué piensa especializarse?
3. ¿Cuántos cursos quiere tomar?

SITUACIONES

Actividad 1

You are enrolling at the Universidad de San Marcos in Lima, Perú. You are speaking with the registrar.
1. She asks what you want to major (specialize) in. Tell her.
2. You want to know how many courses you may take. Ask her.
3. You want to know if any courses are required. Ask her.
4. You want to know when classes begin. Ask her.
5. You want to pay your fees. Ask where you go to do that.

HOJAS DE LA VIDA

Actividad 1

Look at the following schedule of courses for Laura Figueroa.

HEROICA ACADEMIA MILITAR SAN FERNANDO
FACULTAD DE CIENCIAS

SEMESTRE 1 APERTURA 26/8

NOMBRE Y APELLIDOS: Laura Figueroa Santiago
CAMPO DE ESPECIALIZACION: biología
AÑO QUE CURSA: 2°

	DIA	ASIGNATURA
8:00-8:50	l, mi, v	zoología (invertebrados)
8:00-9:50	ma, j	introducción a la estadística
10:00-10:50	ma, j	ética para los científicos
11:00-11:50	l, mi, v	patología vegetal
14:00-14:50	ma, j	derecho militar
15:00-15:50	l, mi, v	la época colonial
16:00-16:50	l, ma, mi, j, v	deportes y ejercicio

Answer the questions based on the preceding schedule.

1. Ms. Figueroa goes to a specialized institution. What is it?
2. In which of the schools is she enrolled?
3. What is her major field?
4. What do **l, ma, mi, j, v** stand for?
5. What year is she in?
6. When do classes begin?
7. What courses are in her major field?
8. What math course is she taking?
9. She is taking an "ethics" course. What is it?
10. What does she have every day?
11. Which one of her courses is a social science course?
12. Which course is in botany?
13. How much time is there for lunch on Mondays?
14. Which course seems specific to Ms. Figueroa's institution?

Capítulo 31

El trabajo

Vocabulario

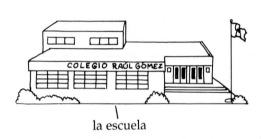
la escuela

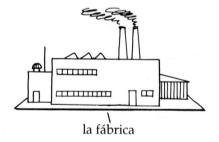
la fábrica

la oficina

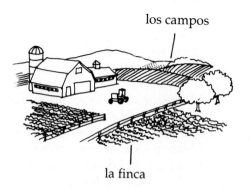
los campos

la finca

la tienda

el taller

el hospital

Read the following:

El (La) profesor(a) trabaja en la escuela.
El (La) secretario(-a) trabaja en la oficina.
El (La) obrero(-a) trabaja en la fábrica.
El (La) dependiente trabaja en la tienda.
El (La) artista trabaja en el taller.
El (La) campesino(-a) (El [La] agricultor[a]) trabaja en el campo.
El (La) médico(-a) trabaja en el hospital.
El (La) enfermero(-a) trabaja en el hospital también.

Ejercicio 1   Answer the questions based on the illustrations.

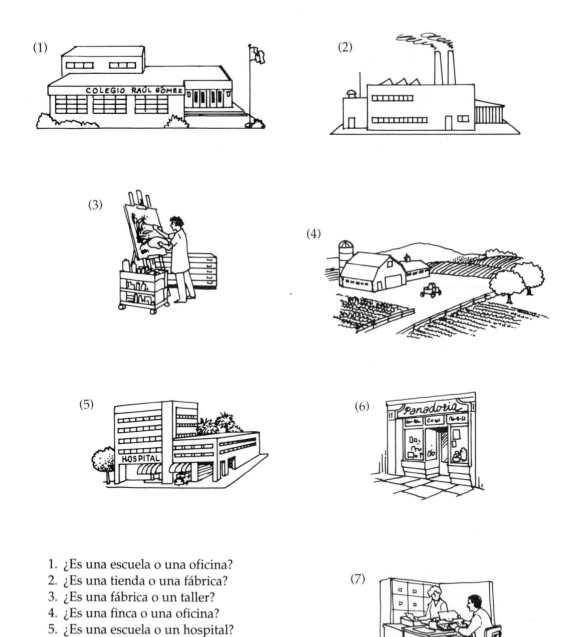

1. ¿Es una escuela o una oficina?
2. ¿Es una tienda o una fábrica?
3. ¿Es una fábrica o un taller?
4. ¿Es una finca o una oficina?
5. ¿Es una escuela o un hospital?
6. ¿Es una tienda o una finca?
7. ¿Es una oficina o una tienda?

Ejercicio 2   Answer the following.

1. ¿Quiénes trabajan en la escuela? ¿Los profesores o los obreros?
2. ¿Quiénes trabajan en la finca? ¿Los campesinos o los artistas?
3. ¿Quiénes trabajan en la tienda? ¿Los secretarios o los dependientes?
4. ¿Quiénes trabajan en el hospital? ¿Los médicos o los obreros?
5. ¿Quiénes trabajan en la oficina? ¿Los campesinos o los secretarios?

Ejercicio 3   Choose who it is.

1. El hace estatuas de madera.
   a. el profesor   b. el artista   c. el obrero
2. El fabrica los coches en la fábrica de General Motors.
   a. el obrero   b. el médico   c. el profesor
3. Ella enseña en una escuela secundaria.
   a. la médica   b. la profesora   c. la campesina
4. El ayuda a los enfermos.
   a. el empleado   b. el artista   c. el enfermero

Read the following:

la población activa   la parte de la población que trabaja, que tiene empleo
los desempleados   los que no tienen trabajo
los jubilados   los retirados o sea la gente que ha dejado el trabajo
los estudiantes   los que cursan estudios universitarios y se preparan para una carrera
  profesional

Ejercicio 4   Complete the following statements.

1. Los médicos, los abogados, los profesores, los empleados, los obreros y los artesanos forman parte de la _____.
2. Los _____ van a trabajar en un futuro no muy lejano.
3. Casi todos los trabajadores con más de 65 años son _____.
4. Los pobres _____ quieren hacer algo pero no pueden encontrar trabajo.

Comunicación

—¿Ud. es estudiante?
—Sí. Yo soy estudiante.
—¿Qué estudia?
—Yo me especializo en *computadoras*.   *computer science*

Ejercicio 5   Recreate the preceding conversation, substituting the following fields for **computadoras.** You should be able to guess the meaning of these words.

1. arquitectura
2. ciencias naturales
3. matemáticas
4. política
5. medicina
6. pedagogía
7. finanzas y contabilidad
8. comercio
9. mercadeo
10. publicidad

Ejercicio 6   Tell if the following fields interest you or not.

> MODELO   _____ me interesa.
> _____ no me interesa.

1. la medicina
2. la pedagogía o la enseñanza
3. la administración, la gestión
4. el comercio
5. la publicidad
6. las computadoras, la informática
7. la agricultura
8. la industria aeroespacial
9. la tecnología
10. el turismo
11. las finanzas
12. la contabilidad
13. la criminología
14. la artesanía

Ejercicio 7   Tell if you would or would not like to be the following.

> MODELO   Sí, quisiera ser _____.
> No, no quisiera ser _____.

1. médico(-a)
2. profesor(a)
3. enfermero(-a)
4. ingeniero (-a)
5. director(a) de una gran compañía
6. agricultor(a)

7. contable
8. agente de viajes
9. agente de publicidad
10. agente inmobilario (de bienes raíces)
11. actor (actriz)
12. piloto(-a)
13. asistente de vuelo

SITUACIONES

Actividad 1

You are speaking with a new Spanish acquaintance in Barcelona.
1. She would like to know if you are a student in the United States. Tell her.
2. She wants to know what you are majoring in. Tell her.
3. She asks what you would like to be. Tell her.
4. She wants to know what other fields interest you. Tell her.
5. Now ask her the same information.

HOJAS DE LA VIDA

Actividad 1

Read the following want ad.

> Multinacional precisa 1 persona
> para jefe y 5 personas, ambos
> sexos con experiencia como vende-
> dores. Se ofrece: producto único en
> el mercado, condiciones económi-
> cas muy interesantes. Presentarse
> de 11 a l:30 y 4:30 a 7 en Calle Sol.
> Atenderá Sr. Mato.

Answer the questions based on the preceding advertisement.

1. What kind of company placed the ad?
2. What will one of the people be?
3. Are the positions for men or women?
4. What kind of experience is required?
5. What are the two benefits mentioned?
6. When and where do you apply?
7. Who will see you?

Appendix

Following is a listing, arranged alphabetically by topic, for all vocabulary presented in the Communicative Topic chapters of this book.

El teléfono (Capítulo 12)

(to) call on the telephone   llamar por teléfono

(to) hang up   colgar

(to) make a telephone call   hacer una llamada (telefónica)

    private telephone   el teléfono privado

    public telephone   el teléfono público

    telephone   el teléfono

(to) telephone   telefonear

    telephone book (directory)   la guía telefónica

    telephone booth   la cabina telefónica

    telephone call   la llamada telefónica

    telephone number   el número de teléfono

    Who's calling?   ¿De parte de quién?

El correo (Capítulo 13)

    airmail   el correo aéreo

    letter   la carta

    mail   el correo

(to) mail a letter   enviar (mandar) una carta

    mailbox   el buzón

    post office   el correo

    postage   el franqueo

    postcard   la (tarjeta) postal

(to) put a letter in the mailbox   echar una carta al buzón

(to) send   mandar, enviar

    stamp   el sello, la estampilla

    window   la ventanilla

El banco (Capítulo 14)

bank   el banco
bank check   el cheque de banco
bill   el billete
cash   el dinero en efectivo
(to) cash   cobrar
cashier counter   la caja
change (in coins)   el suelto
(to) change   cambiar
check   el cheque
coin   la moneda
(to) collect   cobrar
exchange rate   el cambio
money   el dinero
(to) sign   firmar
traveler's check   el cheque de viajero

El aeropuerto (Capítulo 15)

agent   el (la) agente
airline   la línea aérea
airplane   el avión
airport   el aeropuerto
aisle   el pasillo
(to) board   abordar
boarding pass   la tarjeta de embarque
(to) check (luggage)   facturar
counter   el mostrador
delay   la demora
departure   la salida
departure screen   la pantalla
destination   el destino
flight   el vuelo
gate   la puerta
luggage   el equipaje

(no) smoking section   la sección de (no) fumar

passport   el pasaporte

row   la fila

seat   el asiento

suitcase   la maleta

ticket   el boleto, el billete

visa   la visa, el visado

window   la ventanilla

La estación de ferrocarril (Capítulo 16)

aisle   el pasillo

checkroom   la consigna

departure   la salida

express   expreso

first-class   primera clase

free, unoccupied   libre

luggage   el equipaje

one-way   sencillo

platform   el andén

porter   el mozo

round-trip   de ida y vuelta, de regreso

seat   el asiento

second-class   segunda clase

station   la estación (de ferrocarril)

(to) take a trip   hacer un viaje

ticket   el boleto, el billete

ticket window   la ventanilla

timetable   el horario

track   la vía

train   el tren

train station   la estación de ferrocarril

trip   el viaje

unoccupied   libre

waiting room   la sala de espera

Alquilando un automóvil (Capítulo 17)

car   el auto, el carro, el coche
credit card   la tarjeta de crédito
door   la puerta
insurance   los seguros
kilometer   el kilómetro
license   la licencia, el permiso de conducir
make (car)   la marca
model   el modelo
price   el precio
(to) rent   alquilar
rental agency   la agencia de alquiler

La gasolinera (Capítulo 18)

battery   la batería
(to) check   revisar
(to) fill   llenar
gas   la gasolina
gas station   la gasolinera
liter   el litro
oil   el aceite
regular   normal
super   super
tank   el tanque
unleaded   sin plomo

El hotel (Capítulo 19)

bed   la cama
bellhop   el botones, el mozo
bill   la cuenta
breakfast   el desayuno
call   la llamada
card (for registration)   la tarjeta
cash   el efectivo

    cashier   el (la) cajero(-a)

    cashier's office   la caja

    change   el cambio

    charge   el cargo

    credit card   la tarjeta de crédito

    desk clerk   el (la) recepcionista

    double room   el cuarto doble

(to) fill out   llenar

    floor   el piso

    guest   el (la) huésped

    hotel   el hotel

    key   la llave

    luggage   el equipaje

(to) pay   pagar

    receipt   el recibo

    registration counter   la recepción

    reservation   la reservación, la reserva

    room   el cuarto, la habitación

    single room   el cuarto sencillo

    suitcase   la maleta

(to) take up   subir

    telephone   el teléfono

Comprando ropa (Capítulo 20)

    cash register   la caja

    clothes   la ropa

    clothing store   la tienda de ropa

    color   el color

(to) cost   costar

    counter   el mostrador

    credit card   la tarjeta de crédito

(to) fit   sentar bien

(to) look good   quedar bien

    man   el señor, el caballero

(to) pay   pagar

price   el precio

salesclerk   el (la) dependiente

shoe store   la tienda de zapatos (calzado)

size   el tamaño, el número

store   la tienda

window   el escaparate

woman   la señora, la dama

Comprando comestibles (Capítulo 21)

bakery   la pastelería

bread   el pan

bread store   la panadería

butcher shop   la carnicería

cash register   la caja

cold cuts   los fiambres

fish   el pescado

fish market   la pescadería

food   los comestibles

fruit   la fruta

fruit store   la frutería

gram   el gramo

How much?   ¿Cuánto?

kilo   el kilo

meat   la carne

milk   la leche

milk store   la lechería

(to) need   necesitar

pastry   el pastel

pork store   la charcutería

shellfish   los mariscos

shellfish store   la marisquería

store   la tienda

vegetable   la legumbre, el vegetal, la verdura

vegetable store   la verdulería

El restaurante (Capítulo 22)

bill   la cuenta

credit card   la tarjeta de crédito

dessert   el postre

egg   el huevo

fish   el pescado

fixed menu   el menú del día, el menú de la casa, el menú turístico

fixed price   el precio fijo

fowl   las aves

hors d'oeuvres   los entremeses

meat   la carne

menu   el menú

(to) order   pedir

(to) pay   pagar

(to) recommend   recomendar

reservation   la reservación, la reserva

(to) reserve   reservar

restaurant   el restaurante

service   el servicio

shellfish   el marisco

soup   la sopa

table   la mesa

tip   la propina

vegetable   la legumbre, la verdura

waiter   el mesero, el camarero

El médico (Capítulo 23)

antibiotic   el antibiótico

appointment   la cita

bad   mal

cold   el catarro, el resfriado

congestion   la congestión

cough   la tos

diarrhea   la diarrea

doctor   el (la) doctor(a), el (la) médico(-a)

doctor's office   la consulta del médico

(to) examine   examinar

(to) feel   sentir

fever   la fiebre

(to) have a cold   tener catarro, estar resfriado(-a)

head   la cabeza

headache   el dolor de cabeza

medicine   la medicina

nurse   el (la) enfermero(-a)

pain   el dolor

(to) prescribe   recetar

prescription   la receta

sick   enfermo

(to) sneeze   estornudar

stomach   el estómago

stomach ache   el dolor de estómago

temperature   la temperatura, la fiebre

throat   la garganta

weak   débil

well   bien

El recreo cultural (Capítulo 24)

box office   la taquilla, la boletería

(to) buy   comprar

center   el centro

(to) cost   costar

film   la película

movie   la película

movie theater   el cine

movies   el cine

orchestra seat   la butaca de patio

performance   la sesión

price   el precio

row   la fila

screen   la pantalla

seat (in a theater)   la butaca, el asiento

(to) sell   vender

session   la sesión

side   el lado

ticket   la entrada

ticket seller   el (la) taquillero(-a)

ticket window   la taquilla, la boletería

Los pasatiempos (Capítulo 25)

ax   el hacha (f.)

backpack   la mochila

ball   el balón

(to) bathe   bañarse

beach   la playa

camping   el camping

(to) drink   beber

drinking water   el agua potable

first-aid kit   el botiquín

flashlight   la linterna

food   la comida

jeep   el yip

knife   el cuchillo

match   el fósforo

net   la red

park   el parque

picnic   el picnic

(to) play   jugar

pool   la piscina, la alberca

refreshments   los refrescos

sea   el mar

(to) swim   nadar

sleeping bag   el saco para dormir

(to) sunbathe   tomar el sol

(to) take a hike   dar una caminata

El tiempo (Capítulo 26)

(to) *be cold (weather)*   hacer frío

(to) *be hot (weather)*   hacer calor

(to) *be sunny*   hacer sol, hay sol

(to) *be windy*   hacer viento

   below   bajo

   centigrade   centígrado

   cold   el frío

   degree   el grado

   Fahrenheit   farenheit

   fall   el otoño

   heat   el calor

   pleasant   agradable

   rain   la lluvia

   spring   la primavera

   strong   fuerte

   summer   el verano

   temperature   la temperatura

   weather   el tiempo

   What's the weather like?   ¿Qué tiempo hace?

   wind   el viento

   winter   el invierno

La descripción (Capítulo 27)

(to) *be years old*   tener…años

   black   negro

   blond   rubio

   blue   azul

   brown   castaño

   color   el color

   eye   el ojo

   fat   gordo, grueso

   green   verde

   hair   el pelo

handsome   guapo

long   largo

old   viejo

pretty   bonito

red   rojo

short   bajo *(height);* corto *(length)*

tall   alto

thin   delgado

weight   el peso

young   joven

La familia (Capítulo 28)

aunt   la tía

(to) be named   llamarse

brother   el hermano

children   los hijos

cousin   el (la) primo(-a)

daughter   la hija

father   el padre

family   la familia

grandchildren   los nietos

granddaughter   la nieta

grandfather   el abuelo

grandmother   la abuela

grandparents   los abuelos

grandson   el nieto

husband   el esposo, el marido

mother   la madre

nephew   el sobrino

niece   la sobrina

parents   los padres

sister   la hermana

son   el hijo

uncle   el tío

wife   la esposa, la mujer

La vivienda (Capítulo 29)

apartment   el apartamento, el apartamiento, el departamento, el piso
(to) buy   comprar
bathroom   el baño, el cuarto de baño
bedroom   el dormitorio, la recámara
dining room   el comedor
floor   el piso
garage   el garaje
house   la casa
kitchen   la cocina
(to) live   vivir
living room   la sala
patio   el patio
private   particular
(to) rent   alquilar, rentar
room   el cuarto, la habitación

La educación (Capítulo 30)

algebra   el álgebra (*f.*)
anatomy   la anatomía
anthropology   la antropología
arithmetic   la aritmética
biology   la biología
botany   la botánica
calculus   el cálculo
chemistry   la química
course   el curso, la asignatura
department   la facultad
elective   facultativo
first day of classes   la apertura
geography   la geografía
geometry   la geometría
history   la historia
law   el derecho, las leyes

liberal arts   filosofía y letras

main office (university)   la rectoría

(to)   *major in*   especializarse

mathematics   las matemáticas

medicine   la medicina

natural sciences   las ciencias naturales

physics   la física

psychology   la sicología

prerequisite   el requisito

(to)   *register*   matricularse, inscribirse

required course   el requisito

schedule   el horario

school   la escuela, la facultad

sciences   las ciencias

semester   el semestre

social sciences   las ciencias sociales

sociology   la sociología

(to)   *study*   estudiar

trigonometry   la trigonometría

tuition   los derechos de matrícula

university   la universidad

zoology   la zoología

El trabajo (Capítulo 31)

accounting   la contabilidad

actor el actor;   *actress*   la actriz

advertising   la publicidad

advertising agent   el (la) agente de publicidad

architecture   la arquitectura

artisan   el (la) artesano(-a)

artist's studio   el taller

business   el comercio

business administration   la administración, la gestión

computer science   las computadoras, la informática

criminology   la criminología

data processing   la informática, el procesamiento de datos

doctor   el (la) médico(-a)

engineer   el (la) ingeniero(-a)

factory   la fábrica

farm   la finca

farmer   el (la) campesino(-a), el (la) agricultor(a)

field   el campo

finances   las finanzas

flight attendant   el (la) asistente de vuelo

hospital   el hospital

lawyer   el (la) abogado(-a)

marketing   el mercadeo

mathematics   las matemáticas

medicine   la medicina

nurse   el (la) enfermero(-a)

office   la oficina

piloto   el (la) piloto(-a)

politics   la política

real estate agent   el (la) agente inmobilario(-a), el (la) agente de bienes raíces

retired person   el (la) retirado(-a), el (la) jubilado(-a)

salesclerk   el (la) dependiente

secretary   el (la) secretario(-a)

social sciences   las ciencias sociales

store   la tienda

student   el (la) estudiante

teacher   el (la) profesor(a)

teaching   la pedagogía, la enseñanza

technology   la tecnología

tourism   el turismo

travel agent   el (la) agente de viajes

unemployed person   el (la) desempleado(-a)

work   el trabajo

(to) work   trabajar

work force   la población activa

worker   el (la) obrero(-a), el (la) trabajador(a)

Index

In the following Index, the numbers in bold indicate the page number in the Appendix of the vocabulary list for each communicative topic in the book.